2020년 사회복지사 1급 대비 수험서
smart
사회복지정책론

2020년 사회복지사 1급 대비 수험서

smart
사회복지
정책론

심상오 편저

사회복지사 1급!
합격의 길로
동영상 강의와 함께하는
12일 완성
Key Point!!

에듀파인더
[edufinder.kr]

2020년 사회복지사 1급 대비 수험서

smart
사회복지 정책론

초판 인쇄   2019년 9월 20일
초판 발행   2019년 9월 25일

편저자   심상오
발행인   권윤삼
발행처   (주) 연암사

등록번호   제16-1283호
주소   서울특별시 마포구 양화로 156, 1609호
전화   (02)3142-7594
FAX   (02)3142-9784

값은 뒤표지에 있습니다. 잘못된 책은 바꾸어 드립니다.

ISBN 979-11-5558-052-3   14330
      979-11-5558-051-6   (전8권)

연암사의 책은 독자가 만듭니다.
독자 여러분들의 소중한 의견을 기다립니다.
트위터   @yeonamsa
이메일   yeonamsa@gmail.com

이 도서의 국립중앙도서관 출판시도서목록(CIP)은 서지정보유통지원시스템 홈페이지(http://seoji.nl.go.kr)와
국가자료공동목록시스템(http://www.nl.go.kr/kolisnet)에서 이용하실 수 있습니다.
(CIP제어번호: CIP2019035225)

머리말

우리나라도 급속한 산업화 · 정보화 · 저출산과 인구의 고령화 등 시대적 변화로 인해 다양하고 복잡한 사회문제들이 발생하고 있습니다. 특히, 1997년 말 IMF 외환위기 이후 선진국과의 무한경쟁을 위한 기업의 구조조정 과정에서 발생한 대량실업과 고용불안, 가족해체, 고착화되고 있는 저출산과 세계에서 가장 빠른 속도로 진행되고 있는 인구의 고령화 등에 따른 사회적 변화는 새로운 복지패러다임을 요구하고 있습니다.

최근에 부각되고 있는 아동 · 노인 · 장애인 · 여성 · 한부모가족 · 다문화가족의 문제 해결, 독거노인 · 빈곤층 대책과 복지사각지대의 근절, 그리고 보다 질 높은 복지서비스를 요구하는 국민들의 요구에 부응하기 위하여 사회복지사의 역할과 책임은 매우 중요하다고 하겠습니다.

이에 본서에서는 지난 10년간의 사회복지사 1급 기출문제들을 분석하여 단기간에 보다 효과적인 학습이 되도록 합격의 솔루션을 제시하였습니다. 하지만 합격여부는 오직 수험자의 마음자세와 효율적인 수험전략 여하에 달려 있습니다.

선발시험과 달리 자격시험은 선택과 집중이 중요합니다. 어려운 1~2과목은 과락이 되지 않도록 기출문제 중심으로 정리하고, 자신 있는 2~3개 과목은 고득점(80점)할 수 있도록 집중하면 합격(60점)은 무난히 할 수 있습니다.

「나만은 반드시 합격할 수 있다」는 강한 신념으로 얼마 남지 않은 기간 최선을 다하시기 바랍니다.

〈본 교재의 구성과 특징〉

• 수험생들이 전체적인 맥락에서 교과를 정리할 수 있도록 구성하였으며, 핵심정리

하기 및 참고하기 등을 통해 요점을 정리하였다.

• 2019년 8월말 현재까지 제정 및 개정된 법령을 반영하였으며, 출제경향을 파악할 수 있도록 최근 기출문제를 수록하여 최신의 정보를 적극 반영하였다.

• 매단원마다 출제빈도가 높았던 부분을 표시(★)하고, 혼돈되거나 틀리기 쉬운 부분도 밑줄로 표시(___)하여 최종정리 시 도움이 되도록 하였다.

• 혼자 학습하거나 공부시간이 절대적으로 부족한 수험생들이 효율적으로 정리할 수 있도록 분량을 최소화하도록 하였다.

[사회복지사 1급 자격제도 안내]

◆ 사회복지사

• 사회복지사 1급은 사회복지학 전공자, 일정한 교육과정 이수자, 사회복지사업 경력자로서 국가시험에 합격하여 보건복지부장관의 면허를 받은 자를 말한다.

• 사회보장급여의 이용·제공 및 수급권자 발굴에 관한 법률 제43조는 사회복지사업에 관한 업무를 담당하게 하기 위하여 시·도, 시·군·구 및 읍·면·동 등에 사회복지사 자격증을 가진 사회복지전담공무원을 두도록 규정하고 있다.

• 사회복지사는 사회복지 프로그램을 개발·운영하고 시설거주자의 생활지도를 하며 청소년, 노인, 여성, 장애인 등 복지대상자에 대한 보호·상담·후원업무를 담당한다.

◆ 사회복지사 자격의 특징

사회복지사의 자격증은 현재 1, 2급으로 나누어지며, 1급의 경우 일정한 학력과 경력을 요구하고 또한 국가시험을 합격하여야 자격증이 발급된다. 2급의 경우 일정 학점의 수업이수와 현장실습 등의 요건만 충족되면 무시험으로 자격증을 취득할 수 있다.

◆ 1급 시험 응시자격

〈대학원 졸업자〉

① 고등교육법에 따른 대학원에서 사회복지학 또는 사회사업학을 전공하고 석사학위 또는 박사학위를 취득한 자

② 다만, 대학에서 사회복지학 또는 사회사업학을 전공하지 아니하고 동 석사학위를 취득한 자는 보건복지부령이 정하는 사회복지학 전공교과목과 사회복지관련 교과목 중 사회복지 현장실습을 포함한 필수과목 6과목 이상(대학에서 이수한 교과목을 포함하되, 대학원에서 4과목이상을 이수하여야 한다), 선택과목 2과목 이상을 각각 이수하여야 한다.

〈대학 졸업자〉

① 고등교육법에 따른 대학에서 보건복지부령이 정하는 사회복지학 전공교과목과 사회복지 관련 교과목을 이수하고 학사학위를 취득한 자

② 법령에서 고등교육법에 따른 대학을 졸업한 자와 동등 이상의 학력이 있다고 인정하는 자로서 보건복지부령으로 정하는 사회복지학 전공교과목과 사회복지관련 교과목을 이수한 자

〈외국대학(원) 졸업자〉

외국의 대학 또는 대학원(단, 보건복지부장관이 인정한 대학 또는 대학원)에서 사회복지학 또는 사회사업학을 전공하고 학사학위 이상을 취득한 자로서 대학원 졸업자와 대학졸업자의 자격과 동등하다고 보건복지부장관이 인정하는 자

〈전문대학 졸업자〉

① 고등교육법에 의한 전문대학에서 보건복지부령이 정하는 사회복지학 전공교과목과 사회복지관련 교과목을 이수하고 졸업한 자로서 시험일 기준 1년 이상 사회복지사업의 실무경험이 있는 자

② 법령에서 고등교육법에 따른 전문대학을 졸업한 자와 동등 이상의 학력이 있다고 인정하는 자로서 보건복지부령이 정하는 사회복지학 전공교과목과 사회복지

관련 교과목을 이수한 자로서 시험일 기준 1년 이상 사회복지사업의 실무경험이 있는 자

〈사회복지사 양성교육과정 수료자〉
① 고등교육법에 따른 대학을 졸업하거나 이와 동등이상의 학력이 있는 자로서, 보건복지부장관이 지정하는 교육훈련기관에서 12주 이상의 사회복지사업에 관한 교육훈련을 이수한 자로서 시험일 기준 1년 이상 사회복지사업의 실무경험이 있는 자
② 사회복지사 3급 자격증 소지자로서 시험일을 기준으로 3년 이상 사회복지사업의 실무경험이 있는 자

◆ 응시 결격사유
금치산자 또는 한정치산자, 금고 이상의 형을 선고받고 그 집행이 끝나지 아니하였거나 그 집행을 받지 아니하기로 확정되지 아니한 사람, 법원의 판결에 따라 자격이 상실되거나 정지된 사람, 마약·대마 또는 향정신성의약품의 중독자는 응시할 수 없다.

◆ 시험방법

시험과목 수	문제 수	배점	총점	문제형식
3과목(8영역)	200문항	1점/1문제	200점	객관식 5지 선택형

◆ 시험과목

구분	시험과목	시험영역	시험시간
1교시	사회복지기초(50문항)	• 인간행동과 사회환경(25문항) • 사회복지조사론(25문항)	50분
2교시	사회복지실천(75문항)	• 사회복지실천론(25문항) • 사회복지실천기술론(25문항) • 지역사회복지론(25문항)	75분
3교시	사회복지정책과 제도(75문항)	• 사회복지정책론(25문항) • 사회복지행정론(25문항) • 사회복지법제론(25문항)	75분

◆ **합격 기준**

① 매 과목 40점 이상, 전 과목 총점의 60% 이상을 득점한 자를 합격 예정자로 결정하며, 합격 예정자에 대해서는 한국사회복지사협회에서 응시자격 서류심사를 실시하며, 심사결과 부적격자이거나 응시자격서류를 정해진 기한 내에 제출하지 않은 경우에는 합격예정을 취소한다.

② 필기시험에 합격하고 응시자격 서류심사에 통과한 자를 최종합격자로 발표한다.

◆ **사회복지사 자격활용정보**

• 사회복지사 1급 자격증 소지자는 시·도, 시·군·구, 읍·면·동 또는 사회복지 전담기구에 사회복지전담공무원으로 일할 수 있다. 또한 지역복지, 아동복지, 노인복지, 장애인복지, 모자복지 등의 민간 사회복지기관에 취업할 수 있다. 이 외에도 학교, 법무부 산하 교정시설, 군대, 기업체 등에서 사회복지사로 활동할 수 있으며 자원봉사활동관리 전문가로 활동할 수도 있다.

• 사회복지사 1급 자격증 소지자는 의료사회복지 또는 정신보건 분야에서 일정한 경력을 쌓으면 시험을 통해 의료사회복지사나 정신보건사회복지사 자격을 취득하여 해당분야의 전문사회복지사로 활동할 수 있다.

◆ **사회복지사 1급 자격증 관계도**

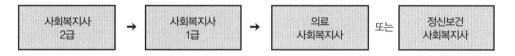

• 의료사회복지사

사회복지사 1급 자격소지자는 의료사회복지 실무경력 1년 이상, 또는 의료사회복지 연구 및 교육에 1년 이상의 경력을 가지고 있는 경우 의료사회복지사 자격시험에 응시할 수 있다.

• 정신보건사회복지사

① 사회복지사 1급 자격소지자는 보건복지부장관이 지정한 전문요원 수련기관에서 1년 이상 수련을 마치면 정신보건사회복지사 2급 자격증을 취득할 수 있다.

② 2급 정신보건사회복지사 자격 취득 후 정신보건시설, 보건소 또는 국가나 지방자치단체로부터 지역사회정신보건사업을 위탁받은 기관이나 단체에서 5년 이상 정신보건 분야의 임상실무경험을 쌓으면 정신보건사회복지사 1급 자격증을 취득할 수 있다.

• 사회복지사 2급

사회복지사 2급 자격소지자는 1년간의 실무경력을 갖추면 사회복지사 1급 자격시험에 응시할 수 있다.

시험시행 관련 문의

• 한국산업인력공단 HRD 고객센터: 1644-8000
• 한국사회복지사협회: 02) 786-0845

차 례

머리말 **5**

제1장 / 사회복지정책의 개념 ━━━━━━━━━━

1. 사회복지의 개념 **21**
1) 사회복지(social welfare): 사회(social)와 복지(welfare)의 합성어 | 2) 윌렌스키(L. Wilensky)와 르보(N. Lebeaux) | 3) 제 학자의 개념

2. 사회복지의 기본적 가치 **23**
1) 평등(equality) | 2) 효율성(efficiency) | 3) 자유(freedom) | 4) 사회적 적절성(social adequacy) | 5) 사회정의: 롤즈(J. Rawls)의 사회정의론(社會正義論)

〈 출제경향 파악 〉 **28**

제2장 / 사회복지정책의 주체 ━━━━━━━━━━

1. 사회복지정책의 주체 **31**
1) 공공부문 : 중앙정부, 지방정부, 공공단체 등 | 2) 민간부분 : 비영리기관, 비공식 부문 등 | 3) 복지다원주의(복지혼합, 복지공급의 다원화)

2. 사회복지에 대한 국가개입의 필요성 **32**
1) 사회복지의 시장체계 실패: 국가개입의 정당성 논리제공 | 2) 사회복지의 시장실패(시장의 비효율성)원인

3. 사회복지정책의 대상 **34**
1) 매슬로우(Maslow)의 욕구유형 | 2) 브래드쇼(Bradshow)의 사회적 욕구

4. 사회복지정책의 기능 **36**
1) 일반적 기능 | 2) 역기능에 대한 논의

〈 출제경향 파악 〉 **40**

제3장 / 사회복지정책의 태동 ────────

1. 시대별 사회복지정책 43
1) 근대사회[18세기 중기(산업혁명) 이후~20세기 초]: 사회복지정책의 시작 | 2) 현대 산업사회[20세기 중반(제2차 대전) 이후~현재]: 사회복지정책의 발전·재편

2. 영국의 구빈법시대 45
1) 엘리자베스 빈민법(Poor Law, 1601): 원내구제 원칙 | 2) 정주법(Settlement Act, 1662): 거주 이전 제한 | 3) 작업장법(Workhouse test Act, 1722): 원내구제 원칙 | 4) 길버트법(Gilbert Act, 1782): 원외구제 원칙 | 5) 스핀햄랜드법(Speenhamland Ac, 1795): 원외구제 원칙 | 6) 공장법(Factory Law, 1833): 아동의 근로환경 개선 | 7) 신(新)빈민법(Poor Law Reform, 1834): 원내구제 원칙

3. 민간조직의 활동 47
1) 자선조직협회(COS: Charity Organization Society) | 2) 인보관 운동(Settlement House Movement) | 3) 빈곤조사 등

〈 출제경향 파악 〉 **51**

제4장 / 복지국가의 형성 ────────

1. 복지국가의 성립배경(1920~1944년): 사회보험, 사회보장법, 베버리지보고서 53

2. 사회보험과 사회보장법 53
1) 사회보험의 개념 | 2) 독일의 비스마르크 사회입법(1880년대): 권위주의적 개혁 | 3) 영국의 국민보험법(1911): 자유주의적 개혁(자유당 정부) | 4) 미국의 경제대공황과 사회보장법

3. 영국의 베버리지보고서 57
1) 베버리지위원회 | 2) 베버리지보고서의 주요내용

〈 출제경향 파악 〉 **59**

제5장 / 복지국가의 성립 ────────

1. 복지국가의 확장기(1945~1970년대 중반): 보편주의 확대, 사회민주주의(제1의 길) 61
1) 복지국가의 확장 배경 | 2) 복지국가 확장기의 주요변화

2. 복지국가의 위기와 재편기 62
1) 복지국가의 위기 : 선별주의 회귀, 신자유주의(제2의 길) | 2) 보수당 정권의 개혁 | 3) 복지국가의 재편 (1970년대 중반~현재): 에스핑-엔드슨의 재편방식, 제3의 길 등

3. 제3의 길 및 사회투자국가 65

1) 제3의 길 | 2) 사회투자국가

〈 출제경향 파악 〉 **68**

제6장 / 사회복지정책의 발달이론

1. 사회양심이론(social conscience theory) 69

1) 사회양심이론의 주요 내용 | 2) 베이커(Baker)의 사회양심이론 | 3) 사회양심이론의 한계점

2. 산업화이론(industrialization theory) 70

1) 산업화이론의 주요 내용 | 2) 산업화이론의 한계점

3. 확산이론(diffusion theory) 71

1) 확산이론의 주요 내용 | 2) 확산이론의 한계점

4. 시민권이론(citizenship theory) 72

1) 시민권이론의 주요 내용 | 2) 마샬의 시민권발달과정 | 3) 사회복지수급권의 권리성 인정여부

5. 이익집단이론(다원주의이론) 74

1) 이익집단이론의 주요 내용 | 2) 이익집단이론의 한계점

6. 권력자원이론 74

1) 권력자원이론의 주요 내용 | 2) 권력자원이론의 한계점

7. 음모이론(conspiracy theory) 75

1) 음모이론의 주요 내용 | 2) 음모이론의 한계점

8. 종속이론(dependency theory) 76

1) 종속이론의 주요 내용 | 2) 종속이론의 한계점

9. 국가중심이론 76

1) 국가중심이론의 주요 내용 | 2) 국가중심이론의 한계점

〈 출제경향 파악 〉 **78**

제7장 / 사회복지와 복지국가의 유형화

1. 사회복지의 개념 79

1) 윌렌스키(Wilensky)와 르보(Leveaux)의 2분 모형 | 2) 티트머스(Titmuss)의 3분 모형

2. 복지국가의 유형화이론 81

1) 조지와 윌딩(V. George & P. Wilding)의 초기 이데올로기 모형 | 2) 에스핑 엔더슨(G, Esping-

Andersen)의 복지국가 모형 | 3) 퍼니스(N. Furniss)와 틸튼(T. Tilton)의 복지국가 모형 | 4) 파커(J. Parker)의 모형 | 5) 미쉬라(R. Mishra)의 모형 | 6) 테어본(Therborm)의 모형

〈 출제경향 파악 〉 **88**

제8장 / 사회복지관련 사상 ─────────────

1. 자유방임주의 91
1) 개념 | 2) 구빈법과 자유방임주의 등장 | 3) 자유방임주의 쇠퇴와 복지국가 등장

2. 케인즈(J.M Keyness)주의 92
1) 개념: 사회정책〉경제정책 | 2) 유효수요의 원리 | 3) 케인즈주의 쇠퇴와 신자유주의 등장

3. 신자유주의(신보수주의) 93
1) 개념: 경제정책〉사회정책 | 2) 신자유주의(신보수주의) 등장배경 | 3) 복지국가에 대한 견해

4. 페이비언사회주의 95
1) 개념 | 2) 사회복지정책의 필요성

5. 사회민주주의 96
1) 개념 | 2) 사회민주주의 이론에 대한 평가

6. 마르크스주의 97
1) 개념 | 2) 마르크스주의자들의 견해

7. 신(新)마르크스주의(Neo-Marxism) 98
1) 개념 | 2) 신마르크스주의 유형

8. 조합주의 (corporatism) 98
1) 개념 | 2) 조합주의 유형

〈 출제경향 파악 〉 **100**

제9장 / 사회복지정책의 형성과 결정 ─────────────

1. 사회복지정책의 형성 103
1) 사회복지정책관련 개념 | 2) 정책의 형성과정

2. 정책의제(아젠다)의 형성 및 모형 105
1) 정책의제(아젠다) | 2) 정책의제 형성모형 – 콥과 로스(R. Cobb & J. Ross)

3. 정책의 대안형성과 결정 **106**
1) 정책대안의 형성 | 2) 정책대안의 비교분석 방법 | 3) 정책결정의 과정 | 4) 정책결정의 특성

〈 출제경향 파악 〉 **110**

제10장 / 사회복지정책의 결정모형, 집행 및 평가 ─────

1. 정책결정의 이론모형 **111**
1) 합리모형(고도의 합리성) | 2) 만족모형(제한된 합리성) | 3) 점증모형(정치적 합리성) | 4) 혼합모형
(합리모형+점증모형) | 5) 최적모형(경제적 합리성+초합리성) | 6) 쓰레기통모형

2. 정책의 집행 **116**
1) 정책집행의 의미 | 2) 정책집행의 중요성 | 3) 사회복지정책 집행의 특징 | 4) 사회복지정책 집행에
영향을 미치는 요인

3. 정책의 평가 **117**
1) 정책평가의 의의 | 2) 정책평가의 기준 | 3) 정책평가의 유형

〈 출제경향 파악 〉 **119**

제11장 / 사회복지정책의 분석틀(할당, 급여체계) ─────

1. 사회복지정책의 분석유형 및 분석틀 **121**
1) 사회복지정책의 분석유형 | 2) 사회복지정책의 분석틀 – 길버트(Gilbert)와 스펙트(Specht), 테렐
(Terrell)

2. 사회복지정책의 할당체계(대상체계) **122**
1) 보편주의와 선별주의 | 2) 대상자 선정기준

3. 사회복지정책의 급여체계 **124**
1) 현물급여 | 2) 현금급여 | 3) 증서(Voucher) | 4) 사회서비스(Social Service) | 5) 기회
(Opportunity) | 6) 권력(Power)

〈 출제경향 파악 〉 **129**

제12장 / 사회복지정책의 분석틀(재정, 전달체계) ─────

1. 사회복지정책의 재정체계 **131**
1) 재원의 개념 및 종류 | 2) 공공재원 | 3) 민간재원

2. 사회복지정책의 전달체계 **134**

1) 중앙정부 전달체계 | 2) 지방자치단체 전달체계 | 3) 민간부문 전달체계 | 4) 민관(民官)혼합 전달체계

〈 출제경향 파악 〉 **139**

제13장 / 사회보장 일반 ────────────

1. 사회보장 **141**
1) 사회보장의 개념 | 2) 사회보장의 기능 | 3) 사회보장의 목적 | 4) 사회보장 프로그램의 형태 | 5) 사회보장기본법상 사회보장제도의 분류 | 6) 사회보장기본법상 사회보장의 기본이념 | 7) 사회보장기본법상 사회보장정책의 기본방향

2. 사회보험 **145**
1) 사회보험의 개념 | 2) 우리나라 사회보험의 역사 | 3) 사회보험의 일반적 특성 | 4) 사회보험과 공공부조 | 5) 사회보험과 민간보험

〈 출제경향 파악 〉 **149**

제14장 / 공적연금 일반 ────────────

1. 공적연금의 개념 **151**
1) 공적 연금의 의의 | 2) 공적연금제도의 기능 | 3) 공적 연금제도의 효과 | 4) 공적연금제도의 유형

2. 공적 연금제도의 분류 **153**
1) 정액연금과 소득비례연금 | 2) 기여식 연금과 무기여식 연금 | 3) 확정급여식 연금과 확정기여식 연금

3. 공적 연금재정의 운용방식 **154**
1) 적립방식(funded system) | 2) 부과방식(pay-as-you-go-system)

4. 세계은행(World Bank)의 3층 보장 연금체계 **156**
1) 세계은행연금보고서(1994)의 의의 | 2) 세계은행연금보고서(1994)의 개혁내용

〈 출제경향 파악 〉 **157**

제15장 / 국민연금제도 ────────────

1. 국민연금제도의 개념 **159**
1) 국민연금제도의 의의 | 2) 국민연금제도의 필요성 | 3) 국민연금의 적용대상 | 4) 연금가입자의 유형 | 5) 국민연금보험료 | 6) 연금가입자격의 상실시기 | 7) 국민연금급여의 특징

2. 국민연금급여의 내용 **162**

1) 연금급여의 구성 | 2) 급여수준 및 지급시기

3. 연금급여의 종류 163

1) 노령연금 | 2) 장애연금 | 3) 유족연금 | 4) 반환일시금 | 5) 사망일시금

4. 국민연금의 재원 166

1) 연금의 재원 | 2) 관리운영체계

〈 출제경향 파악 〉 **167**

제16장 / 기초연금과 장애인연금제도

1. 기초연금제도 169

1) 기초연금제도의 의의 | 2) 기초연금의 대상 및 산정 | 3) 기초연금의 신청 및 지급결정 등 | 4) 기초연
금수급자의 사후관리 | 5) 기초연금수급자의 권리보호 등

2. 장애인연금제도 172

1) 장애인연금제도의 의의 | 2) 장애인연금의 종류 | 3) 장애인연금의 신청 및 지급결정 등 | 4) 장애인
연금 수급자의 사후관리 | 5) 장애인연금 수급권의 소멸 | 6) 장애인연금 수급권자의 권리보호 등

〈 출제경향 파악 〉 **177**

제17장 / 의료보장 일반

1. 의료보장제도의 개념 179

1) 의료보장제도의 의의 | 2) 의료보장제도의 유형 | 3) 진료비 본인부담제 | 4) 건강보험 관리운영방식

2. 진료비의 지불방법(의료비의 제3자 지불문제) 182

1) 행위별수가제(점수제, 성과불제) | 2) 총액계약제 | 3) 포괄수가제(DRG 지불제) | 4) 인두제

〈 출제경향 파악 〉 **186**

제18장 / 국민건강보험제도

1. 국민건강보험제도의 개념 187

1) 국민건강보험제도의 의의 | 2) 건강보험제도의 주요 내용 | 3) 재원 및 관리운영체계

2. 국민건강보험의 급여 190

1) 요양급여(현물급여) | 2) 건강검진(현물급여) | 3) 요양비(현금급여) | 4) 장애인보장구 급여비(현금급
여) | 5) 본인부담 상환제도 | 6) 부가급여(임의급여)

〈 출제경향 파악 〉 **194**

제19장 / 노인장기요양보험제도

1. 장기요양보험의 개념 195

1) 장기요양보험의 의의 | 2) 장기요양보험의 목적 | 3) 급여제공의 기본원칙 | 4) 요양보험의 필요성 |
5) 건강보험과의 차이점

2. 장기요양보험의 주요내용 197

1) 용어의 정의 | 2) 장기요양인정 및 서비스 이용절차 | 3) 등급판정 | 4) 장기요양인정서 | 5) 장기요양
인정의 유효기간 및 갱신

3. 장기요양급여의 종류 198

1) 재가급여 | 2) 시설급여 | 3) 특별현금급여

4. 요양보험의 재원 및 관리운영체계 등 200

1) 장기요양보험료 | 2) 국가 및 지방자치단체의 부담 | 3) 본인 일부부담금 | 4) 관리운영체계 | 5) 장기
요양기관

〈 출제경향 파악 〉 202

제20장 / 산업재해보상보험제도

1. 산재보험제도의 개념 203

1) 산재보험의 의의 | 2) 산재보험이론 | 3) 산재보험제도의 특징

2. 산재보험제도의 주요 내용 205

1) 산재보험의 적용대상 | 2) 근로자의 범위 | 3) 산재보험의 적용제외 사업 또는 사업장 | 4) 산재보험
의 관계 | 5) 가입자의 종류 | 6) 산재보험급여의 산정기준 | 7) 업무상 재해의 인정 | 8) 업무상 재해의
인정기준

3. 산재보험급여의 종류 208

1) 요양급여(현물급여) | 2) 휴업급여(현금급여) | 3) 장해급여(현금급여) | 4) 간병급여(현금급여) | 5)
유족급여(현금급여) | 6) 상병보상연금(현금급여) | 7) 장의비(현금급여) | 8) 직업재활급여(현금급여) |
9) 기타 급여

4. 산재보험의 재원 및 관리운영체계 등 210

1) 산재보험료 | 2) 산재보험료의 산정 및 재정지원 | 3) 적정 급여수준보장을 위한 제도 | 4) 관리운영
체계

〈 출제경향 파악 〉 213

제21장 / 고용보험제도

1. 고용보험제도의 개념 215
1) 고용보험제도의 의의 | 2) 고용보험제도의 시행목적 | 3) 고용보험의 적용대상 | 4) 고용보험가입자의 종류

2. 고용보험의 급여 217
1) 실업급여의 개념 | 2) 구직급여 | 3) 기타 구직급여(연장급여) | 4) 취업촉진수당 | 5) 자영업자의 실업급여적용의 특례 | 6) 모성보호급여 | 7) 고용안정 및 직업능력개발사업

3. 재원 및 관리운영체계 223
1) 고용보험료 | 2) 고용보험기금: 고용노동부장관 관장 | 3) 관리운영체계

〈 출제경향 파악 〉 224

제22장 / 빈곤과 공공부조제도

1. 빈곤의 개념 225
1) 절대적 빈곤 | 2) 상대적 빈곤 | 3) 주관적 빈곤

2. 소득불평등 228
1) 소득불평의 개념 | 2) 소득불평등의 측정

3. 사회적 배제 230
1) 사회적 배제의 개념 | 2) 사회적 배제의 영역

4. 공공부조 230
1) 공공부조의 의의 | 2) 공공부조의 기본원리 | 3) 공공부조운영의 기본원칙 | 4) 공공부조의 일반적 특징

〈 출제경향 파악 〉 234

제23장 / 국민기초생활보장제도

1. 국민기초생활보장제도의 개념 235
1) 국민기초생활보장제도의 의의 | 2) 국민기초생활보장법의 제정배경 | 3) 생활보호법 대비 국민기초생활보장법의 특징

2. 기준 중위소득 및 소득인정액 산정 236
1) 기준중위소득 | 2) 소득인정액의 산정

3. 기초생활보장급여의 종류 237
1) 생계급여 | 2) 주거급여 | 3) 의료급여 | 4) 교육급여 | 5) 해산급여 | 6) 장제급여 | 7) 자활급여

4. 기초생활보장급여 실시 239

1) 급여의 신청 | 2) 신청에 의한 조사 | 3) 확인조사 | 4) 차상위계층에 대한 조사 | 5) 급여의 결정 등 | 6) 급여의 실시 | 7) 급여의 지급방법

5. 보장기관 및 보장시설 241

1) 보장기관 | 2) 생활보장위원회

〈 출제경향 파악 〉 **245**

제24장 / 기타 저소득층 지원제도

1. 긴급복지지원제도 247

1) 긴급복지지원제도의 의의 | 2) 긴급복지지원제도의 주요 내용

2. 근로장려세제(EITC: Earned Income Tax Credit) 249

1) 근로장려세제의 개념 | 2) 근로장려세제의 주요 내용 | 3) 신청자격 | 4) 산정방법 | 5) 신청제외자

3. 자활사업 251

1) 자활사업의 개념 | 2) 자활근로사업의 유형 | 3) 자산형성지원사업: 희망키움통장, 내일키움통장

〈 출제경향 파악 〉 **254**

참고문헌 **256**

제1장
|
사회복지정책의 개념

1. 사회복지의 개념

1) 사회복지(social welfare): 사회(social)와 복지(welfare)의 합성어

(1) 사회의 개념

사회 안에서 인간의 삶의 질과 개인이나 집단, 사회전체 간의 내적 관계를 의미함

(2) 복지의 개념

인간생활의 만족스런 상태를 의미하는 개념인 동시에 그 이상의 상태를 지향하는 구체적인 실천 활동까지 포함함

2) 윌렌스키(L. Wilensky)와 르보(N. Lebeaux) ★★★

저서 『Industrial society and social welfare)』에서 사회복지의 개념을 잔여적 개념과 제도적 개념으로 구분하였음

(1) 잔여적 사회복지: 사회취약계층 대상(기본욕구 충족)

개인의 욕구가 일차적으로 가족이나 시장을 통해 충족되며, 가족이나 시장이 제대로 작동되지 않을 때 일시적 구호적 성격의 사회복지가 개입하는 것을 말함

(2) 제도적 사회복지: 모든 국민 대상(사회문제 해결)

현대 산업사회에서 사회복지가 정상적인 '제일선의 기능'을 할 수 있다고 보며, 사회를 유지하는데 필수적인 기능을 수행하며 제도화되는 것이 당연하다고 인식함

> ※ 현대 산업사회의 사회복지활동의 기준으로 공식조직, 사회승인과 사회책임, 이윤추구 배제, 인간욕구에 대한 동정적 관심, 인간소비에 대한 직접적 관심 등을 제시하였음

3) 제 학자의 개념

(1) 티트머스(R. M. Titmuss)

사회정책을 사회복지제도와 같은 개념으로 보며, 사회정책의 필수조건으로 다음과 같이 제시하고 있음

① 사회정책은 시민의 복지를 마련하는 것이 목적이어야 하며, 경제적 목적뿐만 아니라 비경제적 목적(최저임금, 소득유지, 최저기준 등)을 포함하여야 함
② 사회정책은 빈자로부터 부자에게 자원통제에 있어서 진보적 재분배의 대책을 포함하며 사회봉사, 재정급여, 직업복지로 구성됨

(2) 로마니신(J. M. Romanyshym)

① 사회복지는 개인과 전체로서의 사회적 복지를 공히 증진시키려는 일에 일차적, 직접적 관심을 갖는 모든 사회적 개입을 말함
② 사회복지는 사회문제에의 대처와 예방, 인적자원의 개발, 생활의 질적 향상 등에 직접적으로 관심을 갖는 복지서비스나 과정을 포함하며 사회제도의 강화나 수정은 물론 개인이나 가족에 대한 서비스를 포괄하는 것임

2. 사회복지의 기본적 가치

1) 평등(equality) ★★★★
 평등의 가치는 자원과 기회를 평등하게 분배하는 식으로 급여를 할당해야 한다는 점을 제시하고 있으며, 사회복지정책의 기본적이고 가장 중요한 개념임

(1) 기회의 평등(소극적 평등, 과정상의 평등)
① 모든 사람에게 어떤 결과에 이르는 기회를 평등하게 부여하며 자유경쟁을 통하여 결과를 결정하게 하는 방법임
② 결과의 평등에 비하여 정치적으로 반대하는 사람들이 적고 정책적으로 추구하는 것이 비교적 쉽기 때문에 현실적임
③ 시장경제의 효율성을 강조하며 소득재분배보다는 시장에서의 일차적 분배를 더 강조함
④ 가장 소극적인 의미의 평등개념, 과정상에서 기회가 평등하다면 그로 인한 결과의 불평등은 수용됨
⑤ 대표적인 사례: 빈곤층을 대상으로 한 교육 · 복지프로그램, We-start, Head-start, Dream-start, 고용할당(노인, 여성, 장애인) 등

(2) 비례적 평등(공평, 형평): 자본주의 선호
① 개인의 노력, 능력, 사회적 역할, 사회적 기여에 따라 사회적 자원을 다르게 분배함
② 사회적 위치가 같은 사람들 사이의 평등, 공평의 가치에는 '공정한 불평등'이라는 측면을 가지고 있음
③ 대표적인 사례: 사회보험(연금, 실업급여), 열등처우의 원칙, 근로조건부 수급자제도 등

(3) 수량적 평등(결과의 평등, 절대적 평등): 사회주의 선호
① 사람의 욕구나 능력의 차이에 상관없이 모든 사람에게 사회적 자원을 똑 같이 분배함

② 가장 적극적 의미의 평등, 법적 조치나 정치적 수단 등을 이용하여 마지막 결과의
　평등만을 얻고자 함
③ 대표적인 사례: 영국의 보건의료서비스(NHS), 사회수당(데모그란트), 공공부조 등

2) 효율성(efficiency) ★★★

　최소의 자원을 투입하여 최대의 결과(목표)를 얻는 것을 의미하며, 수단으로서의 효
율(목표효율성, 운영효율성)이다. 수단으로서의 효율은 평등을 추구하는 여러 정책들
중에서 어느 것이 보다 적은 자원으로 보다 많은 평등을 성취할 수 있는가를 판단하
는 것임

(1) 목표효율성(대상효율성): 선별주의 선호, 공공부조〉 사회보험
① 사회복지정책이 목표대상에게 자원이 얼마나 집중적으로 할당되는가와 관련됨
② 공공부조제도는 저소득층에게 집중적으로 자원을 할당하므로 목표효율성이 높음

(2) 운영효율성: 보편주의 선호, 사회보험〉 공공부조
① 사회복지정책을 운영하는데 비용을 얼마나 적게 사용하는지와 관련됨
② 공공부조제도는 자산조사 등의 행정비용이 많이 소요되므로 운영효율성이 낮음

(3) 배분적 효율: 파레토효율, 이상적 배분개념
① 어떤 자원의 배분이 특정사람들의 효용을 줄이지 않으면서 다른 사람들의 효용을
　높일 수 있다는 개념
② 사회적 자원의 바람직한 배분으로 완전경쟁, 충분한 정보, 합리적이고 자발적인
　선택이 이루어진 상태를 말함
③ 사회복지정책은 시장에서의 배분을 수정하여 평등의 가치를 구현하는 것이 목표
　이므로 평등과 파레토효율은 상반된 가치를 지니고 있음
　※ 현실적으로 파레토효율은 불가능하다. 시장의 실패로 국가의 사회복지정책을
　　통한 사회적 자원의 재분배가 더 효율적일 수 있다고 할 수 있음

※ **평등(사회복지정책)과 효율의 관계**

- 근로동기의 약화
  - 중상위계층은 복지를 지탱하기 위해 세금을 많이 내야하므로 일할 의욕의 저하
  - 빈곤층도 복지급여를 많이 받게 되면 일할 의욕의 저하
  - 따라서 노동공급이 줄어들어 경제적 효율성을 저해함
- 저축과 투자동기의 약화
  - 공적연금 등의 방법으로 국가로부터 많은 것을 기대하게 되면 사적으로 저축하거나 노후 준비의식이 약화됨
- 소비자선택의 왜곡
  - 평등을 추구하는 사회복지정책은 사회적 자원을 비효율적으로 배분시킴
- 생산부분에 사용될 자원의 축소
  - 평등을 추구하는 사회복지정책이 확대되면, 생산성이 높은 생산부문에 사용될 인적·물적 자원이 줄어들어 경제성장의 효율성이 떨어짐
- 지하경제의 확대
  - 사회복지정책이 확대되면 일반조세나 사회보장조세의 부담이 증가되어 부유계층이 소득신고를 축소하고 그만큼 지하경제의 규모가 커지게 됨

3) 자유(freedom) ★★

(1) 소극적 자유: 국가역할의 최소화, 시장경제 중시, 부자들의 입장

① 국가의 간섭으로 부터의 자유: 기회의 측면을 강조: 제가 없는 상태, 외적 구속력이 없는 상태로 사회복지정책이 시장기제에 개입하여 개인들의 자유로운 선택의 기회를 제한할 때는 소극적 자유를 침해한다고 봄

② 신보수주의, 신자유주의자들이 강조함

(2) 적극적 자유: 사회적 권리로서 복지를 누릴 수 있는 자유, 빈곤자들의 입장

① 자신이 원하는 것을 할 수 있는 자유: 능력의 측면을 강조함

② 국가의 적극적인 역할을 강조하며, 사회복지정책을 통해 빈곤층이 원하는 것을 할 수 있는 능력을 갖게 되는 것은 그들의 적극적 자유를 신장시키게 됨

③ 사회복지정책은 주로 부자들의 소극적 자유는 줄이는 반면, 빈곤한자들의 적극적 자유는 증가시킨다고 봄

④ 사회민주주의, 페이비언사회주의, 복지국가 전성기에 강조함

　예) 최저생활의 보장, 보편적 복지 등

> ### ※ 자유와 평등(사회복지정책)의 관계
> 자유와 평등은 대립되는 면으로 개인의 자유를 강조하면 평등은 손상되기 쉽고, 평등을 강조하면 자유가 위축될 수 있으나 자유와 평등의 조화를 이룩할 수 있는 적절한 질서와 준거를 마련하는 것이 필요함

4) 사회적 적절성(social adequacy) ★★

① 인간다운 생활을 할 수 있도록 적절한 수준의 급여를 제공하는 것으로 기준은 시대와 사회적 환경에 따라 다양함

② 사회적 적절성에 기초하여 자원을 배분하는 데에는 국가가 시장보다 더 효과적이며, 공공부조제도인 기초생활보장제도의 급여기준은 사회적 적절성의 가치에 근거하여 산정함

③ 공공부조와 사회보험 모두 사회적 적절성의 가치를 반영하고 있지만 인간다운 생활을 할 정도의 급여수준이라는 측면에서 본다면 사회보험이 적절성의 실현정도가 높다고 볼 수 있음

※ 절대적 욕구: 최저생계비, 최저임금, 빈곤선 등

5) 사회정의: 롤즈(J. Rawls)의 사회정의론(社會正義論) ★★★

(1) 개요

① 정의의 원칙: 기본적인 사회제도 내에서 권리와 의무를 할당하는 방식을 제공하며, 사회적 협동에서의 개인들 간의 이익과 부담의 적절한 분배를 규정하는 규칙

② 원초적 상황: 사회구성원들에 의해 정의의 원칙들이 채택되는 최초의 상황
③ 무지의 베일: 정의의 원칙을 합의할 계약 당사자들이 자신들에 대한 정보들이 전
   적으로 무지해야 한다는 것을 의미함

(2) 정의의 원칙

 정의의 원칙들이 충돌할 때 제1원칙이 제2원칙에 우선하며, 제2원칙 내에서는 '기회
균등의 원칙'이 '차등의 원칙'에 우선 적용되어야 함
① 제1의 원칙(평등한 자유의 원칙): 모든 사람들은 각기 기본적인 자유를 평등하게
   최대한 누려야 함
② 제2의 원칙(차등의 원칙과 기회균등의 원칙)
   － 차등의 원칙(최소극대화 원칙): 사회경제적 불평등은 최소 수혜자에게 최대의
     이익이 되는 경우에 한해 인정될 수 있음
   － 기회균등의 원칙: 사회경제적 불평등을 결과할 수 있는 지위와 직책은 모든 사
     람에게 개방되어 접근의 기회가 평등하게 제공되어야 함

—————————————— 〈 출제경향 파악 〉 ——————————————

01) 평등에 관한 설명으로 옳지 않은 것은? (17회 기출)

① 보험료수준에 따라 급여를 차등하는 것은 비례적 평등으로 볼 수 있다.

② 드림스타트(Dream Start)사업은 기회의 평등을 반영하는 것으로 볼 수 있다.

③ 공공부조의 급여는 산술적 평등을, 열등처우의 원칙은 비례적 평등을 반영하는 것이다.

④ 모든 사람에게 동등한 의료서비스를 제공하는 영국의 국민보건서비스(NHS)는 결과의 평등을 반영하는 것으로 볼 수 있다.

⑤ 비례적 평등은 결과의 평등이다.

☞ 해설: 평등의 개념 참조

• 비례적 평등(공평, 형평): 개인의 노력, 능력, 사회적 역할, 사회적 기여에 따라 사회적 자원을 다르게 분배한다.
  예) 사회보험(연금, 실업급여), 열등처우의 원칙, 근로조건부 수급자제도 등

• 결과의 평등(수량적 평등, 절대적 평등): 사람의 욕구나 능력의 차이에 상관없이 모든 사람에게 사회적 자원을 똑 같이 분배한다.
  예) 영국의 보건의료서비스(NHS), 사회수당(데모그란트), 공공부조 등

정답 ⑤

02) 사회복지정책이 추구하는 목표와 추진방법을 연견한 것으로 옳지 않은 것은? (16회 기출)

① 형평– 실업급여

② 적절성 – 최저임금

③ 기회의 평등 – 여성고용할당

④ 적극적 자유 – 최저생활보장

⑤ 결과의 평등 –드림스타트(Dream Start)

☞ 해설: 드림스타트(Dream Start) 참조
- 취약계층의 아동과 그 가족을 대상으로 맞춤형 통합서비스를 제공하는 프로그램으로 아동의 건강한 성장과 발달을 도모하고 공평한 출발의 기회를 보장함으로써 건강하고 행복한 사회구성원으로 성장할 있도록 지원하는 사업이다.

정답 ⑤

제2장
|
사회복지정책의 주체

1. 사회복지정책의 주체

1) 공공부문: 중앙정부, 지방정부, 공공단체 등 ★★
① 정부는 공권력을 가지고 있으므로 가치를 배분하는 활동을 권위적으로 할 수 있음
② 중앙 및 지방정부가 책임지고 운영하는 공식적인 제도로서 대부분이 국가의 예산
   및 인력에 의하여 집행되고 있음
③ 국가의 책임을 위임받은 공공단체나 민간단체도 경우에 따라 집행을 책임지고
   있음

2) 민간부분: 비영리기관, 비공식 부문 등 ★★
(1) 비영리기관
① 사회복지법인이나 기타 비영리법인을 의미하며, 법에 의해 설립되지는 않았지만
   조직적으로 복지서비스를 제공하는 다양한 비영리 임의단체들도 포함
② 재원: 민간기부금, 이용료 및 사용료, 정부보조금 등

(2) 비공식 부문

① 구조화되지 않은 개인적 관계에 기초한 가족이나 친구, 친척 등 사적 관계에 의해
  충당되는 부문
② 종교기관, 자원봉사단체, 사회단체, NGO 등에서 각종 사회서비스를 제공하고 있음
③ 기업도 기업이미지 제고 등을 위해 복지사업에 적극적으로 참여하고 있음

3) 복지다원주의(복지혼합, 복지공급의 다원화) ★★

① 복지의 제공주체가 정부뿐만 아니라 제3섹터, 기업, 가족, 시장 등 여러 영역이 함
  께 참여하는 것을 의미함
② 복지국가 위기이후 정부역할이 상대적으로 감소하고, 민간기업과 비영리조직의
  역할이 부각되면서 확산됨
③ 복지다원주의의 논리: 복지공급주체의 다원화, 서비스이용자의 선택권 강화, 탈중
  앙화와 참여의 확대, 제3섹터(비영리부문)의 역할강조 등

2. 사회복지에 대한 국가개입의 필요성

서구 대부분의 복지국가에서 사회복지정책들이 국가(공공부문)에 의하여 주도되고
있는 이유는 사회복지가 추구하는 평등, 자유, 적절성 등의 가치를 달성하기 위해 필
요할 뿐 만 아니라 국가가 직접 제공하는 것이 시장에서의 복지에 대한 비효율성(시
장실패)을 줄일 수 있기 때문임

1) 사회복지의 시장체계 실패: 국가개입의 정당성 논리제공 ★★★

시장시스템의 문제가 발생하여 시장의 효율성을 달성하지 못하게 되면 정부가 경제
와 사회의 기능을 회복할 수 있도록 개입하게 되는 상황을 말하며, 시장의 실패는 정
부가 복지를 제공하는 주체가 되어야 한다는 논리를 제공함

2) 사회복지의 시장실패(시장의 비효율성)원인 ★★★★

(1) 공공재공급의 실패

① 공공재는 재화를 소비하는데 있어 비경합성, 비배타성, 비분할성 등을 지니는 특성을 지닌 재화이며, 시장의 실패를 보여주는 대표적인 사례임
② 공공재는 무임승차의 문제 등 시장이 공공재를 제대로 제공할 수 없어 정부가 제공하여야 한다고 봄
③ 사회복지의 재화나 서비스는 공공재의 성격을 지니고 있으므로 그에 대한 혜택을 사회구성원 모두가 누릴 수 있게 됨

(2) 외부효과

① 어떤 경제활동이 다른 사람에게 의도하지 않은 혜택이나 손해를 가져다주면서 이에 대한 대가나 비용을 지불하지도 않는 상태를 말함, 외부효과는 공공재에 많이 나타나고 있음
 - 긍정적 외부효과: A지역에 복지인프라를 확충하면 A지역뿐만 아니라 다른 지역에서도 복지서비스 혜택을 받을 수 있는 긍정적 외부효과가 나타남
 - 부정적 외부효과: B지역에 공장을 설치할 경우 주변지역에 공기오염이나 수질오염을 초래하게 됨
② 사회복지재화나 서비스는 긍정적인 외부효과를 많이 가져오기 때문에 시장에서 제공되기는 어려우므로 정부가 공공재로서 모든 국민에게 제공할 수밖에 없음

(3) 불완전한 정보(정보의 비대칭성)

① 어떤 재화나 서비스에 관해 충분한 정보를 가지고 있지 않을 때는 소비자에게 필요한 재화나 서비스가 시장에서 배분되더라도 비효율적으로 배분될 가능성이 큼
② 특정한 사회복지재화나 서비스는 불완전한 정보의 문제를 가지기 때문에 이런 재화나 서비스는 정부가 주도해서 제공하는 것이 사회적으로 더 효율적이라고 봄

(4) 도덕적 해이

① 보험가입자가 위험발생의 예방·회피하는 행위를 적게 하여 위험발생이 높아지는 현상을 말하며, 실업보험과 건강보험의 경우 도덕적 해이현상이 나타날 수 있음

② 예방 대책: 실업급여 지급요건 강화, 건강보험의 본인부담금 제도, 조건부수급자
　제도 등

(5) 역의 선택

① 정보력을 많이 가진 집단이 정보의 왜곡이나 오류를 통해 이익을 취하는 행위를
　말하며, 보험금을 받을 가능성이 높은 사람들이 해당 보험을 집중적으로 가입하게
　되는 현상이 나타날 수 있음
② 예방 대책: 강제보험(사회보험)의 실시, 충분한 정보의 사전제공 등

(6) 규모의 경제

① 규모를 확대할 경우 비용측면에서 저렴한 비용으로 재화와 서비스를 공급할 수
　있음
② 정부가 민간에 비해 상대적으로 더 낮은 가격으로 재화와 서비스를 공급할 수
　있음
　예) 국민연금, 건강보험, 고용보험, 산업재해보상보험 등 사회보험 실시

(7) 소득분배의 불공평성

① 소득분배문제를 시장경제체제에만 전적으로 맡겨둘 경우 소득의 편중현상이 심
　화됨
② 정부가 공공부조나 조세정책 등을 통해 소득분배의 불평등을 완화할 필요성이
　있음

3. 사회복지정책의 대상

1) 매슬로우(Maslow)의 욕구유형 ★★

인간의 욕구는 5단계로 구성되어 있으며, 가장 낮은 단계에서부터 가장 높은 단계까
지 계속 올라가는 계층의 형태로 보고 있음

(1) 생리적 욕구

① 가장 기초적인 욕구로서 우선순위가 가장 높으며, 음식·휴식 등에 대한 욕구, 성적 욕구 등

② 관리전략: 적정보수제도, 휴양제도, 탄력시간제 채택 등

(2) 안전의 욕구

① 위험이나 위협에 대한 보호, 경제적인 안정, 질서에 대한 욕구 등

② 관리전략: 고용 및 신분의 안정화, 연금제도의 활성화 등

(3) 소속감과 애정의 욕구

① 타인과의 친밀한 인간관계, 집단에의 소속감, 애정·우정 등에 대한 욕구

② 관리전략: 인간관계의 개선, 고충처리 및 상담, 커뮤니케이션의 활성화 등

(4) 자아존중의 욕구

① 긍지, 자존심, 인정, 명예, 위신 등에 대한 욕구

② 관리전략: 참여의 확대, 권한의 위임, 교육훈련, 제안제도, 공정한 근무성적평정 등

(5) 자아실현의 욕구

① 자기의 잠재력을 최대한으로 발휘해 보려는 자기발전, 창의성과 관련되는 욕구임

② 관리전략: 합리적 승진제도, 전직 및 전보에 의한 배치의 효율화, 직무충실 및 확대 등

2) 브래드쇼(Bradshow)의 사회적 욕구 ★★★

(1) 규범적 욕구(normative)

① 전문가나 행정가 등이 바람직한 수준으로 규정한 욕구

② 개인이나 집단의 바람직한 욕구가 이 수준에 미치지 못하면 욕구상태에 있다고 봄
  예) 가구당 최저생계비 등

(2) 지각된 욕구(felt needs)

① 주관적인 것으로 개인이나 집단의 욕망(want)과 동일 시 되는 욕구이며, 그들의 느낌에 의해 인식되는 욕구

② 욕구상태에 있는 개인에게 설문지, 면접, 인터뷰 등 사회조사를 통해 필요여부 파악함

(3) 표현된 욕구(expressed needs)

① 어떠한 것에 대한 욕구가 행동으로 직접 표현되는 욕구

② 욕구충족의 실제적 행위가 요구, 요청 등의 형태로 직접 대상자가 원조나 서비스를 얻기 위해 기다리는 사람의 수로써 측정

(4) 비교적 욕구(comparative needs)

① 어떤 서비스를 받고 있는 사람들과 비슷한 특성을 갖고 있으면서도 서비스를 받지 않고 있는 사람들을 욕구상태에 있는 것으로 규정하는 욕구

② 집단들 간의 상대적 비교를 통해 파악하는 욕구

4. 사회복지정책의 기능

1) 일반적 기능 ★★

(1) 사회통합과 질서유지

① 빈민, 사회적 약자, 사회적 위험에 빠진 사람들에 제도적 원조를 통한 사회통합

② 소득의 재분배는 소득과 자원배분의 불평등을 감소시켜 계층간 갈등을 완화함

③ 사회분열을 야기하는 사회문제를 예방하거나 해결하여 질서유지에 기여함

(2) 경제성장과 안정

① 인적자본의 질적 수준을 향상시켜 생산 경쟁력을 높이고 경제성장을 안정시킴

② 시장의 통화량을 적절하게 유지시켜 경제를 보다 안정화시키는 자동안정장치 역할

③ 재정운용방식이 적립방식인 공적 연금의 경우 자본축적의 효과가 있음

(3) 개인적 성장과 발전
① 교육 · 훈련프로그램을 통해 인간의 잠재력과 성장 가능성을 증대시킴
② '자기 결정권'을 중시하여 개인의 행복을 증진시킴

(4) 사회문제의 해결 및 정치적 안정
① 사회적 구조에 의해 발생되는 사회문제를 해결하고 사회적인 욕구를 충족시킴
② 사회적 불평등 해소와 갈등해소에 초점을 두어 정치적 안정화에 기여

(5) 소득의 재분배
주로 1차적 재분배는 시장, 사회복지정책은 2차적 재분배 기능을 담당함
① 수직적 재분배: 고소득층에서 저소득층으로의 소득 재분배 형태
　　예) 공공부조
② 수평적 재분배: 유사한 소득계층 내 위험발생에 대한 재분배 형태
　　예) 사회보험(건강보험, 산재보험, 고용보험), 아동수당 등
③ 세대간 재분배: 현 근로세대와 노인세대, 즉 현 세대와 미래세대 간 소득의 재분배
　　형태
　　예) 개인연금(부과방식), 장기요양보험
④ 세대내 재분배: 젊은 시절 소득을 적립했다가 노년기에 되찾는 것으로 한 세대 내
　　소득의 재분배 형태
　　예) 국민연금(적립방식연금)
⑤ 장기적 재분배: 전 생애에 걸쳐 장기적으로 발생하는 소득의 재분배 형태
　　예) 개인연금(적립방식)
⑥ 단기적 재분배: 현재의 사회적 욕구를 해결하기 위해 단기간 안에 이루어지는 소
　　득의 재분배 형태
　　예) 공공부조, 사회보험(건강보험, 산재보험, 고용보험)

2) 역기능에 대한 논의 ★★★

(1) 국가에 의한 사회복지정책의 한계

사회복지정책에 필요한 재원을 국민들로부터 거두고, 급여를 제공하는 과정에서 대상자의 선정, 전달체계의 수립에 많은 운영비용 등이 소요되어 비효율성이 나타남

(2) 빈곤의 함정(poverty trap): 빈곤의 덫

① 임금근로자나 공공부조대상자가 근로활동을 통해 소득을 빈곤선 이상으로 끌어올리지 않고, 계속적으로 빈곤선 상태로 남아 있으려고 하는 현상
② 빈곤함정을 개선하려는 정책
   - 영국: 노동당정부의 일하는 복지(workfare)
   - 미국: 클린턴 정부의 근로조건부 복지(welfare to work)
   - 한국: 조건부 수급자제도(자활근로), 맞춤형기초수급자제도(2015.7) 등

(3) 실업의 함정(unemployment trap): 실업의 덫

임금수준이 낮으면 일을 통해 경제적 보상을 받기보다는 실업급여나 실업부조를 통해 받는 것이 오히려 유리할 수 있다고 생각하여 실업상태에 남아 있으려고 하는 현상
예) 실업급여나 실업부조의 수준이 높은 경우

(4) 도덕적 해이(moral hazard)

보험이나 국가의 급여를 염두에 두고 각종 위험의 예방에 덜 신경 쓰는 행위 또는 불필요한 서비스를 과도하게 이용하는 행위
예) 건강보험가입자의 위험회피노력 약화, 실업보험 가입자의 재취업 노력 약화

〈 참고사항 〉

> ※ 사회제도의 주요 기능
> • 정치제도(사회통제의 기능)

- 경제제도(생산, 분배, 소비기능)
- 가족제도(사회화의 기능)
- 종교제도(사회통합의 기능)
- 사회복지제도(상부상조의 기능)

※ 사회복지정책의 영역

영역		사회복지정책의 내용
협의	소득보장정책	사회보험, 공공부조, 각종 수당제도 등
	건강보장정책	국민건강보험, 의료보호, 보건의료서비스 등
	사회서비스	아동, 청소년, 노인, 장애인, 여성복지 등
	주택정책	공공임대주택, 국민주택, 주거환경개선사업 등
	교육정책	영유아보육, 학교급식, 학비지원 등
광의	조세정책	소득공제, 조세감면, 근로소득공제 등
	노동정책	고용정책, 노사정책, 임금정책, 교육훈련정책 등

01) 국가가 시장에 개입하는 근거로 옳은 것을 모두 고른 것은?　　　　(17회 기출)

> ㄱ. 긍정적 외부효과
> ㄴ. 부정적 외부효과
> ㄷ. 비대칭적 정보
> ㄹ. 역선택

① ㄱ, ㄷ　　　　　　② ㄴ, ㄹ　　　　　　③ ㄱ, ㄷ, ㄹ
④ ㄴ, ㄷ, ㄹ　　　　⑤ ㄱ, ㄴ, ㄷ, ㄹ

☞ 해설: 시장실패의 원인 참조

• 시장실패의 원인: 공공재공급의 실패, 외부효과, 불완전한 정보(정보의 비대칭성), 도덕적 해이, 역의 선택, 규모의 경제, 소득분배의 불공평성 등이다.

정답 ⑤

02) 소득재분배 유형과 관련된 제도를 연결한 것 중 옳은 것을 모두 고른 것은?

(16회 기출)

> ㉠ 수직적 재분배 – 공공부조
> ㉡ 세대내 재분배 – 개인연금
> ㉢ 수평적 재분배 – 아동수당
> ㉣ 세대간 재분배 – 장기요양보험

① ㉣　　　　　　　② ㉠, ㉢　　　　　　③ ㉡, ㉣
④ ㉠, ㉡, ㉢　　　⑤ ㉠, ㉡, ㉢, ㉣

☞ 해설: 소득재분배 유형 참조

• 수직적 재분배: 고소득층에서 저소득층으로의 소득 재분배 형태,
  예) 공공부조

• 세대내 재분배: 젊은 시절 소득을 적립했다가 노년기에 되찾는 것으로 한 세대 내
  소득의 재분배 형태,
  예) 개인연금(적립방식)

• 수평적 재분배: 유사한 소득계층 내 위험발생에 대한 재분배 형태
  예) 사회보험(건강보험, 산재보험, 고용보험 등), 아동수당 등

• 세대간 재분배: 현세대와 미래세대 간 소득의 재분배 형태
  예) 개인연금(부과방식), 장기요양보험

정답 ⑤

제3장

|

사회복지정책의 태동

1. 시대별 사회복지정책

1) 근대사회[18세기 중기(산업혁명) 이후~20세기 초]: 사회복지정책의 시작

(1) 사회문제의 발생

① 소득격차 심화 등 사회문제 대두: 산업혁명의 시작과 더불어 근대자본주의 제도가 시작되면서 자본가계층과 노동자계층이 분리되었으며 이들 간 소득격차의 심화 등 문제발생

② 빈곤에 대한 사회적 책임: 빈곤이 사회적인 원인에 의해 발생하는 것이라는 철학이 등장하고, 이러한 문제에 대해서는 사회가 책임을 져야 한다는 사상과 함께 사회사업이라는 분야가 등장함

③ 국가책임의 대두: 이 시대의 사상적 흐름 중 자유방임주의 사조는 자유경쟁 하에서 궁핍의 책임은 그 개인에게 있다고 주장한 반면, 빈곤은 사회구조에 원인이 있으므로 국가가 책임을 져야 한다는 주장이 대립됨

(2) 제한적 구제제도

사회복지정책의 대상은 노동능력이 없는 자로 제한되었으며, 공공부조와 같은 제한적인 구제제도로 출발함

2) 현대 산업사회[20세기 중반(제2차 대전) 이후~현재]: 사회복지정책의 발전 · 재편 ★★

(1) 사회복지의 필요성 증가

자유방임을 기초로 했던 근대자본주의는 실업이나 경쟁에서 도태된 계층은 빈곤의 위기에 처하게 되었고, 급격한 산업화나 도시화의 과정에서 사회복지의 필요성은 더욱 증가됨

(2) 사회복지의 제도화

선진국을 중심으로 전 국민을 대상으로 하는 조직적이며, 계획적인 사회복지서비스가 실시되기 시작함

(3) 사회복지의 개념변화

근대사회에서 현대 산업사회로 이동하면서 국가의 주요한 역할이 사회복지의 증진에 놓이게 되면서 복지국가를 형성하게 되었고, 이러한 사회복지의 전반적인 변화를 로마니신(J. M. Romanyshyn)은 다음과 같이 포괄적으로 설명하고 있음

(산업화 이전의 사회)		(산업화 이후의 사회)
① 보충적, 잔여적 개념	→	제도적 개념
② 자선의 차원(생활보호법	→	시민의 권리(국민기초생활보장법)
③ 특수한 서비스(빈민)	→	보편적 서비스(국민 전체)
④ 최저 수준의 급여	→	최적 수준의 급여
⑤ 개인적 개혁(문제해결)	→	사회적 개혁(문제예방)
⑥ 자발성(민간후원)	→	공공성(정부지원)
⑦ 빈민구제의 차원	→	복지국가, 복지사회

2. 영국의 구빈법시대

1) 엘리자베스 빈민법(Poor Law, 1601): 원내구제 원칙 ★★★

이전까지 빈민구제 법령들을 집대성한 영국 빈민법의 기본토대라 할 수 있으며, 교구
내의 자선에 의한 구빈에는 한계가 있다고 판단하여 빈민구제의 책임을 교회가 아닌
국가가 최초로 지게 되었다는데 가장 큰 의의가 있음

(1) 엘리자베스 빈민법의 특징

① 모든 교구에 구빈감독관을 임명하고, 구빈업무와 목적세의 성격을 갖는 별도의 구
   빈세 징수업무를 관장하게 함
② 1834년 개정빈민법이 제정될 때까지 지방기금에 의한, 지방관리에 의한, 지방빈
   민에 대한 구빈행정이 명백한 원칙으로 지속됨

(2) 노동력 유무에 따라 빈민을 구분

① 빈민을 노동능력자, 노동무능력자, 빈곤아동으로 구분하여 서로 다른 처우를 함
② 노동능력자는 작업장, 노동무능력자는 구빈원, 빈곤아동은 24세가 될 때까지 장인
   에게 봉사하는 도제제도를 실시함

2) 정주법(Settlement Act, 1662): 거주 이전 제한 ★★

① 1660년대부터 농촌 빈민들이 일자리를 찾아 대규모로 도시로 유입되면서 도시 교
   구의 구빈세 부담은 증가됨
② 교구와 귀족들의 압력으로 '정주법'이 제정되었으며, 이는 빈민의 자유로운 이동
   을 금지하고, 구빈감독관에게 그가 태어난 원래 소속 교구로 돌려보내게 하는 권
   한을 부여함

3) 작업장법(Workhouse test Act, 1722): 원내구제 원칙 ★★

① 작업장에서의 노동을 통해 근로의욕을 강화시켜 부랑을 억제하고, 국가의 부(富)
   를 증대시키는 목적에서 제정됨

② 작업장의 생산물은 사기업과 경쟁에서 뒤떨어져 비효율적이었으며, 교구민의 세부담만 증대되었고, 노동력의 착취, 빈민의 혹사 등 심각한 문제가 발생됨
③ 오늘날 직업보도프로그램, 자활프로그램과 유사한 성격의 제도임

4) 길버트법(Gilbert Act, 1782): 원외구제 원칙 ★★★

① 작업장에서의 빈민의 비참한 생활과 착취를 개선할 목적으로 제정되어 인도주의적 구빈제도라고 할 수 있으며, 원외구호를 허용하여 노동력 있는 빈민, 실업자에게 일자리 또는 원외구제를 통해 구호물품 등을 제공함
② 인도주의적 처우에 따라 교구민의 구빈세부담이 가중되어 일부의 불만을 일으켰으며, 이 법의 시행으로 교구연합이 결성되었고, 교구연합은 최초로 유급 사무원을 채용하였는데, 이는 오늘날 사회복지사의 모태가 됨

5) 스핀햄랜드법(Speenhamland Ac, 1795): 원외구제 원칙 ★★★

① 빈민에 대한 처우개선을 위해 빵 가격과 부양가족의 수에 대응하여 지방세에서 임금을 보조하여 최저생계비를 보장했으며, 노령자 · 불구자 · 장애자에 대한 원외구호가 확대됨
② 고용주들은 보조금이 지급되므로 임금을 낮게 책정했고, 노동자들은 가족 수에 따라 생활이 보장되었기 때문에 열심히 일을 하지 않아 구빈세 지출이 급증하는 문제점을 초래함
③ 오늘날의 가족수당, 최저생활보장의 기반이 됨

6) 공장법(Factory Law, 1833): 아동의 근로환경 개선 ★★

① 공장에서 비인도적 처우를 받는 아동을 위해 만들어진 법으로써 아동의 노동조건과 작업환경을 개선하기 위해 제정됨
② 최초의 아동복지법으로써 아동의 야간 노동금지, 9세 이하 아동의 고용금지, 위생환경의 개선 등을 실시함

7) 신(新)빈민법(Poor Law Reform, 1834): 원내구제 원칙 ★★★

(1) 제정목적

길버트법과 스핀햄랜드법이 제정되면서 구빈세가 급격히 증대되어 유산계급의 불만은 증가되었는데, 유산계급의 불만은 신빈민법의 탄생을 촉진시켰고, 신빈민법의 1차적 목적은 구빈세의 감소에 있음

(2) 신빈민법의 구빈행정 원칙

① 전국 균일처우의 원칙(전국 통일의 원칙): 각 교구마다 상이한 구빈행정을 전국적으로 통일하기 위해 중앙정부에 구빈법위원회를 설치함
② 열등처우의 원칙(최하위 자격의 원칙): 국가에 의한 구제수준은 최하층 독립노동자들의 생활수준보다 낮게 유지되어야 함
③ 작업장활용의 원칙(원내 구제의 원칙): 노동능력이 있는 자들의 원외구호를 중단하는 대신 작업장 내의 구제만을 인정함

3. 민간조직의 활동

이 시기는 산업혁명의 시작과 더불어 근대 자본주의 시대가 시작되어 자본가 계층과 노동자 계층이 생겼으며, 이들 사이에 생긴 소득 격차나 소득의 편중 등이 중요한 사회문제로 대두됨. 19세기 영국에서 사회의식에 따른 빈민구호에 영향을 준 대표적인 네 가지 주요 요소는 사회개량운동, 자선조직협회 및 인보관 운동, 사회조사 등을 들 수 있음

1) 자선조직협회(COS: Charity Organization Society) ★★★

(1) 자선조직협회의 의의

① 이전에 무계획적, 무차별적, 비조직적, 비전문적으로 이루어졌던 사적 자선행위의 문제점을 극복하여 서비스제공의 효과성을 향상시키기 위해 창설된 조직
② 방문원(우애방문원)을 통해 개별적 조사를 하였으며, 이를 통해 적절한 도움을 주게 되었고, 구호신청자들로 하여금 협회에 등록하도록 하여 구호의 중복을 방지하고자 함

(2) 자선조직협회의 창립

① 영국 런던에서 1869년 최초로 창립, 미국에서는 1877년 뉴욕주 버팔로에서 창립됨

② 여러 자선단체로부터 중복구호를 받으려는 직업적인 클라이언트들을 방지하고자, 자선단체에 등록시켰음

③ 단체간 연락기관을 설치하였는데 이는 오늘날의 지역사회사업으로 발전하는 계기가 됨

④ 원조의 대상을 '도와줄 가치 있는 자'로 한정하고, 도덕적 종교적 교화를 통해 빈곤의 문제에 대처하고자 함

⑤ 철저한 환경조사는 오늘날 가족사회사업 또는 개별사회사업을 발전시키는데 영향을 줌

(3) 자선조직협회의 활동

① 기본 4요소: 우애방문원, 조사, 등록, 협력

② 광범위한 사례조사를 실시하였고, 사회사업가를 훈련시켰으며, 유급사회사업가를 고용·배치하였으며, 방문구제를 통해 현대적 의미의 사회사업방법론(개별사회사업, 지역사회조직)확립에 커다란 영향을 미침

③ 슬로건인 "빈민에게 물고기를 주지 말고, 물고기 잡는 법을 가르쳐주자"에 잘 나타나 있듯이 빈곤문제에 있어 개인적 책임을 강조하고, 공공의 구빈정책에 대해서는 반대하였음

> ※ 빈곤을 개개인의 도덕적 결함으로만 간주함으로써 그 사회경제적 뿌리를 무시하였다는 점에서 보수주의적이었다는 비판을 받고 있음

(4) 자선조직협회의 빈곤에 대한 인식

개인적 노력을 통해 극복이 가능하다고 보았으며, 순수 민간의 구제노력만 지지하였음

2) 인보관 운동(Settlement House Movement) ★★★

실업자의 증가와 인구의 도시 집중화에 따라 슬럼지역이 생기는 등 사회가 새로운 도시 문제로 시달리게 되자 지식인 및 대학생들이 빈민가에 거주하면서 이러한 도시문제를 해결하기 위해 일으킨 운동

(1) 인보관의 설립
① 영국 런던교구 목사인 바네트가 1884년 런던동부 빈민지역에 세계 최초의 지역사회복지관인 '토인비홀'을 설립
② 미국에서는 코이트가 1886년에 뉴욕에서 미국 최초의 인보관인 '근린길드'를 설립하였고, 1889년에 아담스와 스타가 시카고에 '헐 하우스'를 설립

(2) 인보관의 활동내용
① 인보관을 설립하여 주택, 도서관, 시민회관 등으로 활용하고, 교육적 사업으로 아동위생, 보건교육, 기술교육, 문맹퇴치 및 성인교육을 실시함
② 사회조사를 통해 여러 가지 통계자료를 구함으로써 이를 법률제정에 활용토록 하였으며, 인보관의 활동은 집단사회사업과 지역사회복지의 모델이 됨
③ 인보관 운동 3R: Residence(빈민과 함께 거주), Research(사회조사활동), Reform(개혁)

3) 빈곤조사 등

(1) 찰스 부스(Charles Booth)
① 런던시민의 생활실태를 조사하여 최초로 빈곤에 대한 과학적 근거 제시
② 빈곤은 개인의 책임이 아니라 사회구조적인 체제의 문제란 점을 명확히 하였으며 사회조사의 기초가 됨

(2) 시봄 라운트리(Seebohm Rowntree)
① 요크시의 노동자 가구를 대상으로 실시하였고, 부스의 빈곤선 개념을 발전시켜 1, 2차 빈곤으로 개념화함
② 1차 빈곤: 4가지 기초생필품(음식, 연료, 주택, 피복)을 구입할 경제적 능력도 안

되는 수준

③ 2차 빈곤: 4가지 기초생필품(음식, 연료, 주택, 피복)을 구입할 능력은 되지만 적절한 생활수준에 미치지 못하는 수준

(3) 우애협회(Friendly Society)

18세기 영국의 빈민들이 상호부조를 위해 조직한 단체

〈 자선조직협회와 인보관운동 〉

구 분	자선조직협회	인보관운동
사회문제의 원인	개인적인 속성	사회구조적인 문제(환경적 요소)
이데올로기	사회진화론	자유주의, 급진주의
참여자	상류층의 우애방문단	지식인 및 대학생
사회문제 접근방법	빈민개조, 역기능적인면 수정	빈민과 함께 거주, 사회비판 등
역점분야	기관들의 서비스 조정	직접서비스 제공(위생, 교육 등)
성격	사회질서유지 강조	사회개혁, 참여 및 교육 강조
영향	개별사회사업, 지역사회조직	집단사회사업, 지역사회복지모델

01) 영국의 신빈민법(1834)과 우리나라의 국민기초생활보장제도에서 공통적으로 나타
나는 원칙은?   (16회 기출)

① 비례급여의 원칙   ② 원외구제의 원칙

③ 임금보조의 원칙   ④ 열등처우의 원칙

⑤ 비부양의무의 원칙

☞ 해설: 열등처우의 원칙(최하위 자격의 원칙)

• 국가에 의한 구제수준은 최하층 독립노동자들의 생활수준보다 낮게 유지되어야 한
다는 원칙이다. 국민의 세금으로 지원되는 공공부조제도에서 일반적으로 적용되는
원칙으로 국민기초생활보장제도에서는 보충성급여인 생계급여 등에서 적용되는
원칙이다.

정답 ④

02) 영국의 사회복지역사에 관한 설명으로 옳은 것을 모두 고른 것은?

(12회 기출)

○ 스핀햄랜드법은 가족수당제도의 시초로 불린다.

○ 공장법은 아동의 노동여건을 개선하였다.

○ 1834년 신빈민법은 전국적으로 구빈행정구조를 통일하였다.

○ 1911년 국민보험법은 건강보험과 실업보험으로 구성되었다.

---

① ㉠, ㉡, ㉢   ② ㉠, ㉢

③ ㉡, ㉣   ④ ㉣

⑤ ㉠, ㉡, ㉢, ㉣

☞ 해설: 영국의 국민보험법(1911): 자유주의적 개혁(자유당 정부)

- 건강보험: 로이드 조지가 주도하였으며 공제조합, 보험회사, 의사 등 기득권 집단
  들과의 장기간 협상을 통해 탄생하였다.
- 실업보험: 처칠이 베버리지의 도움을 받아 세계 최초로 실업보험을 입안하였다.

정답 ⑤

제4장
|
복지국가의 형성

1. 복지국가의 성립배경(1920~1944년): 사회보험, 사회보장법, 베버리지보고서 ★★★

① 복지국가의 용어: 영국의 켄터베리 대주교 윌리엄 템플이 자신의 저서 "시민과 성직자"에서 가장 먼저 사용, 나치 독일을 '무력국가', 영국을 '복지국가'로 비교한 것에서 비롯됨

② 산업혁명이후 개인주의에 근거한 사유재산과 시장경쟁은 자본주의의 기본원리이며, 시장경제에 국가가 개입하지 않는 자유방임주의가 확립됨

③ 자유방임주의는 독점이라는 모순을 드러내면서 "시장의 실패"가 보다 명료하게 되어 국가가 국민경제과정에의 개입이 정당화되기 시작함

④ 1929년 세계대공황으로 케인즈의 혼합경제논리가 받아들여져 복지국가의 기틀이 마련됨

2. 사회보험과 사회보장법

1) 사회보험의 개념 ★★

(1) 사회보험의 의의

① 산업혁명으로 노동자가 늘어나면서 프롤레타리아라는 새로운 계급이 출현하였으며, 실업자라는 새로운 사회문제가 나타남

② 빈민법이 봉건적인 국가정책이라면, 사회보험은 자본주의적 사회복지정책으로 시행초기에는 육체노동자가 주된 대상자이었고, 자본주의 사회에서 발생되는 문제인 사회적 위험인 산업재해, 실업, 질병, 퇴직 등에 대한 대응책임

③ 세계 최초의 사회보험은 독일 비스마르크 사회입법(1883)이며, 이어 영국의 국민보험법(1911), 미국의 사회보장법(1935)이 시행되었음

> ※ 공공부조가 빈민법에서 유래되었다면, 사회보험은 공제조합에 기원을 두고 있음

(2) 공제조합

① 노동자의 복지문제에 대해 국가가 개입하기 전까지 노동자들의 자조조직으로 사회보험의 기원, 조합원 상호간의 부조와 복지를 목적으로 조합원이 갹출한 부금으로 재원을 마련함

② 조합원의 노령, 재해, 실업, 질병, 사망에 대비하거나 사망 등의 사고를 당했을 경우 급여를 지급하는 자조 조직임

2) 독일의 비스마르크 사회입법(1880년대): 권위주의적 개혁 ★★★

(1) 사회입법의 의의

① 사회주의의 무력화, 생산의 안정화, 경제적 효율성의 증대 등이 목적임

② 비스마르크의 '위로부터의 혁명'이라는 정치적 보험성격을 가지고 있음

③ 비스마르크의 사회입법은 음모론적 성격에도 불구하고, 독일 사회정책의 초석을 다졌음

④ 선진자본국가에도 영향을 미쳐 사회복지정책의 기반을 조성했다는 점에 의의가 있음

(2) 비스마르크는 사회통합의 필요성을 느끼고 "채찍과 당근"정책을 수행함

① 채찍정책: 사회주의자들에 대한 직접적인 탄압책인 사회주의자진압법 제정

② 당근정책: 노동자계급을 국가내로 통합시키기 위한 양보로서의 사회보험 실시

(3) 비스마르크 사회입법의 원칙

① 강제보험의 원칙: 광산업, 조선업 등에 종사하는 저소득 임금노동자가 의무가입 대상임

② 중앙통제의 원칙: 정부가 보험을 독점하고 엄격한 행정 통제를 함

③ 사(私)보험회사 배제의 원칙: 보험을 국가의 책임영역으로 간주하고 이윤동기 등이 침투하지 않도록 차단함

④ 정부보조금 지급의 원칙: 비용은 고용주가 부담하나 정부도 보조금을 지급함

(4) 주요 사회보험

① 질병보험(1883)
  - 세계 최초의 사회보험으로 광산, 공장, 철도 등에 종사하는 일정소득 미만의 정규직 노동자를 강제가입의 대상으로 보험료는 노동자가 2/3, 사용자가 1/3 부담함
  - 질병보험은 국가의 중앙집권식 기구를 만들지 않고, 기존에 있던 길드, 공장, 기업 및 공제조합을 중심으로 의료보험조합인 질병금고를 만들어 운영함

② 산재보험(1884)
  - 광산, 공장, 건설업에 종사하는 일정 소득미만의 노동자를 의무가입 대상으로 함
  - 사용자가 전적으로 업무상 재해에 대한 책임을 짐

③ 노령폐질보험(1889)
  - 일정소득 미만의 저소득 노동자를 의무가입 대상으로 하였으며, 70세 이상의 가입자에게 노령연금을 지급함
  - 자신의 잘못이 아닌 이유로 장애인이 되면 폐질연금을 지급하였으며, 재원은 노사가 동등하게 부담하는 갹출금과 약간의 국가보조금으로 재원을 마련함

3) 영국의 국민보험법(1911): 자유주의적 개혁(자유당 정부) ★★

(1) 건강보험
① 로이드 조지가 주도하였으며 공제조합, 보험회사, 의사 등 기득권 집단들과의 장기간 협상을 통해 탄생함
② 공제조합은 국가의 건강보험이 자신들의 사업영역을 침해한다고 반대를 하였으나 정부가 운영권을 공제조합에 맡김으로써 해결함

(2) 실업보험
① 처칠이 베버리지의 도움을 받아 세계 최초로 실업보험을 입안함
② 베버리지의 주장을 받아들여 보험료에 비례하여 급여를 지급함
③ 실업사태에 직면할 가능성이 많은 특정한 산업분야에 한정함
④ 갹출방식으로 하며 국가가 보조하는 방식으로 기본틀을 마련함

(3) 보험료 및 급여수준
① 보험료: 고용주와 피용자가 각각 부담하고 정부가 일부 보조함
② 사회보험의 급여수준: 인간다운 생활을 유지할 만큼 충분하지 않음

4) 미국의 경제대공황과 사회보장법 ★★★

(1) 경제대공황
① 1929년에 시작된 대공황으로 기업과 은행의 도산, 대량실업의 발생으로 국민들의 생존권이 심각하게 위협받고 있었지만, 이에 대한 국가의 사회보장적 대응책은 매우 미약함
② 1933년 프랭클린 루즈벨트가 미국의 제32대 대통령으로 취임하면서 새로운 전환기가 됨

(2) 루즈벨트 대통령의 대응
① 뉴딜(New Deal)정책을 통해 실업자를 위한 지출과 공공사업 시행 등 정책을 대전환함

② 연방구호법의 제정(1933), 사회보장법의 제정(1935)은 현대 미국의 공공사회복지 체계의 기초가 됨

(3) 사회보장법의 주요 내용

① 사회보장법의 제정(1935): 이는 미국 최초의 전국적인 복지프로그램이며 광의의 사회보장 용어와 범위가 최초로 제시됨
  - 사회보험프로그램: 노령연금(연방운영), 실업보험(연방재정지원, 주정부운영)
  - 공공부조프로그램: 노령부조, 요보호맹인부조, 요보호아동부조 등(연방재정지원, 주정부 운영)
  - 보건 및 복지서비스 프로그램 : 모자보건서비스, 아동복지서비스, 직업재활 및 공중보건 서비스 등(연방재정지원, 주정부운영)

② 케인즈식 국가개입주의 반영, 사회복지에 대한 연방정부의 책임 확대, 대공황으로 인한 사회문제 확산이 법제정의 계기가 됨

③ 미국인은 자유주의, 개인주의가 삶 그 자체이었기 때문에 국민들의 사회·경제생활에 대한 국가의 관여는 상상할 수 없었으나 1929년 대공황으로 인한 사회문제의 확산이 계기가 되어, 1930년대 중반부터는 정부의 간섭을 수용하게 됨

3. 영국의 베버리지보고서

1) 베버리지위원회

영국노총이 연립정부의 제2차 대전 후 사회재건에 대한 책임을 지고 있던 노동장관 그린우드에게 권고, 1941년 6월 창설, 1942년 11월에 베버리지보고서가 발표됨

2) 베버리지보고서의 주요내용 ★★★

(1) 베버리지보고서의 핵심이념

① <u>보편주의</u>: 모든 시민을 포함, 동일한 급여를 제공하며, 빈민에 대한 자산조사의 낙인을 없애자는 것과 평등정신을 주장함

② 국민최저: 사회보험의 급여가 기본적 욕구만을 충족, 그 이상은 개인·가족의 책임, 국민최저의 원칙을 통해 시민의 자조관념을 유지토록 함

(2) 국가재건을 위한 5대악의 척결
결핍, 질병, 무지, 불결, 나태 등

(3) 사회보장의 3대 전제조건
① 완전고용: 대량실업이나 장기적인 실업이 없어야 함
② 포괄적인 보건서비스: 전 국민의 질병예방, 치료, 건강한 노동력 확보를 위해 보편적·포괄적인 보건서비스 제공이 필요함
③ 보편적인 가족수당: 국민 최저선을 위해서는 가족의 수를 고려해야 함

(4) 운영의 6대 기본원칙
① 기여의 균일화(균일기여/ 균일갹출): 소득, 계층 등과 관계없이 모두가 똑같이 부담함
② 급여의 균일화(균일급여): 어떤 상황에서도 똑 같은 급여를 지급함
③ 급여의 적절성: 국민의 최저생활 보장, 적절한 시기에 급여를 지급함
④ 대상의 분류화: 노인, 아동, 자영자, 피용자, 주부, 무직자 등 6가지로 범주화함
⑤ 행정의 통합화: 사회보험을 하나의 통일체계로 통합, 행정비용의 낭비를 최소화함
⑥ 적용범위의 포괄화: 사회보험의 적용대상 및 욕구를 포괄적으로 적용함

(5) 베버리지보고서의 영향
① 베버리지보고서를 근거로 사회보장청 설치(1944), 그 후 가족수당법, 국민보건서비스법, 국민부조법(1948) 등이 제정 또는 개정됨
② 이러한 법과 제도들로 인하여 긴 역사를 지녔던 구빈법은 마침내 소멸되고, "요람에서 무덤까지"의 사회보장체계가 정비됨

01) 복지국가의 형성과 발달에 관한 설명으로 옳은 것을 모두 고른 것은?

(16회 기출)

> ㉠ 독일의 재해보험법(1884)에서 재정은 노사가 반반씩 부담하였다.
> ㉡ 영국의 국민보험법(1911)은 건강보험과 실업보험으로 구성되었다.
> ㉢ 미국은 대공황을 경험하면서 총 공급관리에 초점을 둔 국가정책을 시도하
>   였다.
> ㉣ 스웨덴은 노동계급과 농민간 적녹동맹(red-green alliance)을 통해 복지국가
>   발전의 기틀을 마련하였다.

① ㉠, ㉡
② ㉠, ㉣
③ ㉡, ㉢
④ ㉡, ㉣
⑤ ㉢, ㉣

☞ 해설: (오답 풀이)

㉠ 독일의 재해(산재)보험법(1884)에서 재정은 사용자만의 보험료부담으로 운영되
   었다.

㉢ 미국은 대공황을 경험하면서 총 공급관리에 초점을 둔 케인즈이론에 기반을 둔 국
   가정책을 도입하였다.

정답 ④

02) 베버리지보고서(1942)에서 구상한 복지국가모형의 특징이 아닌 것은?

(15회 기출)

① 빈곤계층을 대상으로 하는 선별적 복지를 강조한다.

② 정액부담과 정책급여의 원리를 바탕으로 한다.

③ 베버리지는 결핍(궁핍), 질병, 무지, 불결, 나태를 5대악으로 규정한다.

④ 정액부담의 원칙은 보험료의 징수와 관련된 행정비용을 절감할 수 있다는 효과가 있다.

⑤ 노령, 장애, 실업, 질병 등과 같은 사회적 위험들을 하나의 국민보험에서 통합적으로 운영한다.

☞ 해설: 베버리지보고서의 핵심이념 참조

• 보편주의: 모든 시민을 포함, 동일한 급여를 제공하며 빈민에 대한 자산조사의 낙인을 없애자는 것과 평등정신을 주장한다.

• 국민최저: 사회보험의 급여가 기본적 욕구만을 충족, 그 이상은 개인·가족의 책임, 국민최저의 원칙을 통해 시민의 자조관념을 유지토록 한다.

정답 ①

제5장
|
복지국가의 성립

1. 복지국가의 확장기(1945~1970년대 중반): 보편주의 확대, 사회민주주의 (제1의 길)

1) 복지국가의 확장 배경
① 정치적으로는 복지국가에 대한 대중적 지지
② 경제적으로 수정자본주의 경제의 급속한 성장
③ 사회연대의식의 확대
④ 국가, 자본, 노동의 3자 협약(코프라티즘:corporatism)

2) 복지국가 확장기의 주요변화
(1) 복지국가의 의의
① 시민의 복지를 위해 모든 사회 · 경제적 서비스를 제공함
② 제2차 세계대전 이후 "요람에서 무덤까지"의 보장을 지향함
③ 최저수준의 보장, 사회적 위험의 감소, 복지수준의 적정성과 보편주의를 추구함

(2) 확장기의 주요 변화

① 모든 국민의 사회적 욕구를 하나의 권리로 보장하는 보편주의적인 복지국가의 탄생

② 정부역할이 확대되면서 국가부문의 확대는 관료 및 행정기구의 팽창과 비효율성의 초래

③ 경제적 번영과 더불어 화해적 정치구조가 지속되면서 경제성장, 완전고용의 달성

④ 요보호자뿐만 아니라 중산층을 포함한 전 국민에 대한 보편적 복지제도기반의 마련

(3) 복지국가 확장기의 특징

① 복지제도의 포괄성: 다양한 욕구와 사회적 위험에 대비한 프로그램의 제공

   – 소득보장, 건강보장, 주택정책 등 다양한 프로그램의 실시

② 복지대상의 보편성: 저소득층뿐만 아니라 중산층까지 대상범위의 확대

③ 복지서비스의 확대: 최저생계비의 보장, 사회보험급여수준의 향상 등

2. 복지국가의 위기와 재편기

1) 복지국가의 위기 : 선별주의 회귀, 신자유주의(제2의 길) ★★★

(1) 복지국가 위기의 발생

① 1973년, 1979년 오일쇼크로 인한 경제 불황은 제2차 세계대전 이후 30여년간 지속된 복지국가의 안정체계를 뒤흔드는 결정적인 계기가 됨

② 경제위기로 1970년대에 인플레션과 실업이 동시에 결합된 스태그플레이션의 확산

③ 1950년대부터 시작한 국가, 자본, 노동 간의 화해적 정치구조의 균열

④ 포디즘(fordism)적인 소품종 대량생산체계에서 포스트포디즘(psot-fordism)적인 다품종 소량생산체계로 전환되면서 근로자들과 기업의 분산 가속화

(2) 복지국가 위기의 결과

① 1979년 영국 보수당의 대처정부, 1980년 미국 공화당의 레이건정부가 집권함

② 이들 정권은 복지국가를 유지하기 위한 복지지출은 인플레이션 야기, 산업경쟁력

저하, 구조적 실업을 양산한다고 주장하고 사회복지정책에 대해 매우 비판적임

> ※ **복지국가 위기의 원인**
> – 석유파동, 스태그플레이션의 심화, 미·영의 정권교체
> – 신자유주의 및 신보수주의 이념 확산
> – 정부의 복지비의 과대부담 및 재정위기
> – 관료 및 행정기구의 팽창과 비효율성
> – 노·사·정 3자간 화해구조의 균열
> – 혼합경제와 포디즘적 생산체제의 붕괴 등

2) 보수당 정권의 개혁 ★★★

(1) 대처리즘

① 비효율적인 국영기업을 민영화하고, 정부의 복지예산을 줄이고 규모를 축소함

② 기업에 대해 세금을 줄이고 노동의 유연성을 확보해 경영환경을 개선시킴

③ 개혁의 주요 내용

 – 복지를 위한 공공지출의 삭감과 세금인하

 – 국영기업의 민영화, 노동조합의 합동규제

 – 철저한 통화정책에 입각한 인플레이션 억제

 – 기업과 민간의 자유로운 활동보장

 – 외환관리의 규제완화와 빅뱅(big bang)등을 통한 금융시장의 활성화 등

(2) 레이거노믹스

① '강한 미국'을 주장하면서 복지예산을 대폭 축소함

② 기업에 대해 세금감면 등을 통해 시장을 활성화함

② 자유시장 메카니즘으로 돌아가 생산과 소비의 자동조절기능을 강화함

3) 복지국가의 재편 (1970년대 중반~현재): 에스핑-엔드슨의 재편방식, 제3의 길 등 ★★★

(1) 1980년대 이후의 변화

① 복지수급요건의 강화
- 장애심사를 엄격히 하거나 기존의 장애인을 재심사하여 장애등급을 낮춤으로써 장애급여를 축소하거나 제한하는 경우
- 연금의 완전급여를 받을 수 있는 퇴직연령을 상향 조정하는 경우
- 질병수당 또는 실업보험의 대기기간을 연장하는 경우

② 급여수준(소득대체율)의 하향조정
- 미국의 AFDC프로그램도 1970년에 비해 1996년에는 급여수준이 절반으로 감소됨

③ 급여기간의 단축
- 실업자에 대한 실업급여기간을 단축하는 것이 가장 전형적인 방법임
- AFDC 프로그램은 연방정부 재원에 의한 수급기간을 평생에 걸쳐 5년 이내로 제한함

④ 수급조건의 부과
- 다양한 형태의 노동을 요구하는 Workfare
- 일정 수준의 교육이수를 요구하는 Learnfare
- 적극적 구직활동을 요구하는 Active Labor Market Policy

(2) 새로운 체제변화(1990년대 이후)

① 대량생산과 대량소비, 근대적 문화규범과 국가복지급여 등을 특징으로 하는 포드주의적 체제의 위기초래
② 성장과 고용·복지를 동시에 추구해 온 케인즈주의적 복지국가의 기반을 동요시켰음
③ 포스트 포디즘적 유연체제를 구축함
- 다품종 소량생산
- 신보주주의(신자유주의) 확산
- 노동의 유연성강조
- 국가개입의 축소 등

(3) 새로운 사회적 위험(New Social Risk)

① 전통적 산업사회에서 후기산업사회로 이행하면서 경제성장률의 둔화, 기술의 변화로 더 이상 제조업분야에서 안정된 일자리를 제공하지 못함

② 세계화 추세로 인한 노동의 유연화 촉진, 저출산과 노인부양비의 증가, 여성의 고용확대 등으로 인하여 새로운 위험이 발생하고 있음

③ 주요 등장배경 원인
- 맞벌이부부의 증가와 여성의 일·가정 양립문제의 대두
- 저출산·고령화로 인한 생산가능인구의 감소
- 노령인구의 증가로 노인부양 부담문제의 증가
- 탈산업화로 인해 제조업에서 서비스산업으로 구조변화
- 노동시장의 고용 불안정과 저임금노동자의 증가 등

(4) 에스핑-엔더슨의 3가지 재편방식

① 사회민주주의적 복지국가: 이미 성공적으로 달성한 소득유지 프로그램을 바탕으로 한 적극적 노동시장정책, 사회서비스의 확대, 남녀평등을 중심으로 하는 생산주의적 복지정책 또는 사회투자전략을 통한 '스칸디나비아의 길'(스웨덴, 노르웨이 등)

② 자유주의적 복지국가: 시장원칙에 대한 강조와 긴축재정, 국가복지의 축소, 탈규제화의 활성화를 통한 '신자유주의의 길'(미국, 영국, 뉴질랜드 등)

③ 보수주의(조합주의)적 복지국가: 사회보장수준을 유지하면서 노동공급의 감축을 유도하는' 노동 감축의 길'(독일, 이태리, 프랑스 등)

3. 제3의 길 및 사회투자국가

1) 제3의 길 ★★★

(1) 개념

① 실용주의적 중도좌파 노선, 영국의 사회학자 앤서니 기든스(anthony Giddens)가

사회민주주의 복지정책과 신자유주의 복지정책의 틀을 벗어난 새로운 복지패러다임으로 체계화함

② 영국의 노동당 당수 토니 블레어가 내건 슬로건, 제1의 길과 제2의 길을 지양한 노선임

(2) 주요 내용
① 제1의 길: 고복지−고부담−저효율로 요약되는 사회민주적 복지국가 노선
② 제2의 길: 고효율−저부담−불평등으로 정리되는 신자유주의적 시장경제 노선

(3) 제3의 길이 강조한 개혁방향
① 근로와 복지의 연계(Workfare): '의존적 복지'로부터 '자립형 복지'로 전환하여 복지재정을 줄이고 이를 보건 · 교육 등에 투자함으로써 고용증대를 통한 자립과 개선된 공공서비스라는 두 가지 성과를 이루고자 하는 복지를 추구함
② 사회복지공급주체의 다원화: 복지의 주체를 기존의 중앙정부 중심의 복지공급을 지양하고 지방정부, 비영리부문(제3부문), 기업 등으로 주체를 다양화 함
③ 권리와 의무의 조화: 빈곤과 불평등에 대한 낡은 해결책으로는 안 되며, 권리와 의무 모두를 기반으로 하는 국가와 국민사이의 복지협약의 필요성을 주장함
④ 사회투자국가: 국민들에게 경제적 혜택을 직접제공하기 보다는 인적 자원에 투자하는 복지국가, 즉 사회투자국가로 재편하고자 함

2) 사회투자국가 ★★★
(1) 개념
① 영국의 사회학자 기든스(A. Giddens)가 세계화시대에 사회민주주의 소생의 유일한 길로 '제3의 길'을 제시하면서 구체적 실천전략으로 제시한 국가모형
② 핵심은 복지가 갖는 투자적 성격, 생산적 성격을 강조하면서 복지와 성장, 사회정책과 경제정책의 상호보완성을 강조함

(2) 사회투자국가의 특징

① 복지지출은 명확한 수익을 낳는 것이어야 하며, 사회투자의 핵심은 인적 자본 및 사회적 자본에의 투자에 중점을 둠
② 사회보장의 소비적 지출은 선별적으로 제공함을 원칙으로 하며, 결과의 평등보다는 기회의 평등에 관심, 시민의 권리는 의무와 균형을 이루어야 함
③ 사례: 각국의 근로연계복지정책, 영국의 'Sure-Start' 프로그램, 한국의 'We-Start', 'Dream-Start' 프로그램 등

01) 서구복지국가의 위기 이후 나타난 흐름에 관한 설명으로 옳지 않은 것은?

(17회 기출)

① 공공서비스의 시장화　　　　　② 노동시장의 유연화정책

③ 계층간 소득 불평등의 완화　　　④ 복지의 투자 · 생산적 성격 강조

⑤ 경제활성화를 위한 법인세 인하

☞ 해설: 대처리즘과 레이거노믹스의 정책내용 참조

• 복지국가의 위기에 나타난 신자유주의 정책들은 계층간 불평등을 증가시켰다.

정답 ③

02) 복지국가 위기의 원인으로 옳지 않은 것은?　　　　　**(13회 기출)**

① 경기침체와 국가재정의 위기

② 관료 및 행정기구의 팽창과 비효율성

③ 포디즘적 생산방식의 비효율성

④ 독점자본주의의 축적과 정당화간의 모순

⑤ 복지혼합을 통한 정부와 민간의 역할 조정

☞ 해설: 복지혼합(welfare mix), 즉, 복지다원주의는 복지국가의 위기를 극복하기 위한 전략에 해당된다.

• 신마르크스주의는 복지국가의 위기와 재편의 필연성을 복지국가의 모순에서 찾는데, 독점자본주의 단계의 국가가 수행해야할 두 가지 기능인 자본축적과 정당화라는 모순적 기능에서 비롯된다고 본다.

• 독점자본의 국가에서 한편으로는 자본을 축적시켜야하고, 다른 한편으로는 정치사회적 문제를 해결하기 위해 정당화기능을 해야 하는 모순으로 복지국가는 붕괴한다고 본다.

정답 ⑤

제6장
|
사회복지정책의 발달이론

1. 사회양심이론(social conscience theory) ★★

1) 사회양심이론의 주요 내용

① 사회구성원들의 집단양심을 사회복지의 변수로 보는 이론
   - 즉 사회적 양심의 증대가 사회복지의 발전을 가져오는 원동력이라고 봄
② 타인의 고통을 해소하려는 개인의 이타적인 양심이 국가적 정책으로 표현되는 것
   - 정부의 사회복지정책을 국가의 자선활동으로 간주함
   - 국가의 복지활동을 동정주의적 관점으로 봄
③ 1950년대 영국 사회정책학에서 가장 널리 사용하였음
   - 다수의 사회복지사들과 박애주의자들로부터 지지를 받고 있음
④ 진화론적 관점에서 사회복지정책의 발달을 바라보고 있음
   - 사회적 양심이 성장하고 국민들의 열악한 사회 · 경제적 상태가 알려지면 그것
     을 개선하기 위하여 사회정책이 발달한다고 봄

2) 베이커(Baker)의 사회양심이론

① 사회복지는 인간이면 누구나 가지고 있는 이타심이 국가를 통해 구체화된 것임

   – 사회복지제도는 사회적 의무감의 확대와 사회적 욕구에 대한 국민들의 인식제고라는 두 요인에 의해 변화됨

② 사회복지의 변화는 누적적이며, 균일하게 변화하지는 않지만 계속 발전하고 있음

   – 현행 사회복지서비스는 지금까지의 것 중 최선의 것임

③ 역사적으로 볼 때 현행 사회복지서비스가 완전한 것은 아닐지라도 사회복지의 주된 문제는 이미 해결되었다고 봄

④ 사회는 안정기반 위에 구축되어 있기 때문에 지속적인 발전을 기대할 수 있음

3) 사회양심이론의 한계점

① 사회복지의 자비적 특성을 지나치게 강조한 나머지, 국가의 역할이 소극적이고 그 활동범위가 제한적일 수 있음

② 사회복지정책의 형성과 변화에 미치는 압력 및 영향에 관한 분석이 너무 협소함

③ 사회복지정책의 의도와 결과가 항상 복지수혜자에게 이익을 주는 순기능만 갖고 있는 것은 아님

※ 요점 정리
- 사회적 양심의 증대가 사회복지의 발전을 가져오는 원동력이 되었다고 봄
- 국가의 사회복지정책을 자선활동으로 간주함
- 현재의 사회복지수준은 최고의 단계이며, 사회복지에 대한 전망은 낙관적임

---

2. 산업화이론(industrialization theory) ★★★

1) 산업화이론의 주요 내용

① 경제가 상당한 수준으로 발전하게 되면 사회복지도 유사한 형태로 수렴된다는 이론으로 수렴이론이라고도 함

② 경제발전론에 기반을 두고 있으며, 경제발전은 복지비지출에 필요한 자원을 확보

해 줌으로써 복지실천을 가능하게 함

③ 선진 자본주의 국가의 사회복지가 유사할 뿐만 아니라 선진 사회주의 국가들 사이의 사회복지도 서로 유사해짐

④ 산업화는 경제성장과 함께 새로운 사회적 욕구를 유발시키며, 경제성장은 복지확충에 필요한 자원을 제공하고, 새로운 욕구는 새로운 복지프로그램을 등장시킴

⑤ 대표적인 학자: 윌렌스키(Wilensky)와 르보(Leveaux)

2) 산업화이론의 한계점

① 경제적으로 부유한 국가와 빈곤한 국가 간의 사회복지정책 발달의 차이는 설명이 가능하나, 이미 경제적으로 부유한 국가 간의 사회복지수준의 차이는 설명하지 못함

② 산업화로 인해 발생한 새로운 욕구가 구체적인 사회복지제도로 형성되는 과정을 설명하고 있지 못함

③ 산업화가 자동적으로 사회복지로 확대된다는 비 계급적 해석은 집단과 계급간의 갈등, 가치와 이데올로기, 민주화와 같은 정치적 요인 등 중요한 변수를 제외시킴으로써 설명될 수 없는 부분이 있음

※ 요점 정리
- 산업화는 새로운 욕구를 창출하고 이의 해결을 위해 사회복지의 확대가 불가피함
- 기술개발에 필요한 환경구축의 하나로 사회복지가 활용되고 그러다 보면 각 국의 사회복지가 비슷하게 됨

---

3. 확산이론(diffusion theory) ★★★

1) 확산이론의 주요 내용

① 한 나라의 사회복지정책이 다른 나라에 영향을 미친다고 보는 이론으로 전파이론이

라고도 함

② 한 국가의 제도적 혁신은 인근 국가로 확산되고 동시에 선진국에서 후진국으로 관념과 기술이 이전된다고 봄

③ 유럽 국가들은 다른 선진국이나 비유럽 국가보다 먼저 사회보장프로그램을 구축하였으며, 더 많은 복지비를 지출하고 있는데 이는 지리적 원인에 기인한다고 봄

2) 확산이론의 한계점

① 산업국가에서 정부가 시행하는 사회복지정책의 확산이론 효과가 현실적으로 미미하고 각 국가의 내부적인 사회경제적 정치적 요인이 더 중요하게 작용함

② 국제적인 환경변수가 구체적인 사회복지정책으로 전환되는 역동적 과정을 설명하지 못함

③ 사회복지정책이 선진국가로부터 후진국가로 확대되어 간다고 하지만 실제로 그렇지 않은 경우도 적지 않음

④ 사회복지제도가 도입되는 경우에 인접한 국가보다는 국내의 상황이 더 영향을 미치는 사례도 많음

※ 요점 정리

• 사회복지정책을 시행하는 주된 이유는 선진복지국가의 경험에 있으며, 이런 점에서 사회복지정책의 확대는 국제적 모방과정임

• 유럽 국가들이 비유럽국가들보다 사회보장프로그램들을 먼저 구축한 것은 지리적 근접성에 기인한다고 봄

---

4. 시민권이론(citizenship theory) ★★★

1) 시민권이론의 주요 내용

① 시민권은 산업혁명의 영향으로 성장한 시민이 봉건적 지배계급으로부터 자유·평등·박애를 쟁취하기 위한 시민혁명의 결과로서 쟁취하였다고 보는 이론

② 마샬(T. H. Marshall)은 시민권이론을 개념화하였으며, 시민권개념으로부터 사회복지정책의 출현을 설명함

2) 마샬의 시민권발달과정

① 공민권은 18세기, 정치권은 19세기, 복지권은 20세기에 확립되었다고 봄
② 자본주의 사회에서 평등을 지향하는 복지권과 현실의 사회적 불평등이 양립한다고 봄
  - 공민권: 법 앞에 개인의 자유와 평등을 보장. 즉 신체의 자유, 언론사상의 자유, 사유재산권, 정당한 계약의 권리 등 개인의 자유에 필요한 권리
  - 정치권: 선거인으로서 정치권력의 행사에 참여할 수 있는 권리
  - 복지권(사회권): 최소한의 경제적 복지와 보장에 대한 권리로부터 사회적 유산을 공유, 사회의 통상적 기준에 따라 문명화된 삶을 향유할 수 있는 권리
    예) 교육제도, 사회복지 등

3) 사회복지수급권의 권리성 인정여부

① 서구 복지국가에서는 사회복지수급권을 하나의 기본권으로 간주함
② 생활보호법에서는 수급권을 권리로 인정하지 않음
③ 국민기초생활보장법에서 비로소 공공부조의 수급권이 법적 권리로서 인정받게 됨

※ 요점 정리
- 시민권이란 공동체의 성원에게 부여된 권리를 향유할 수 있는 지위를 말함
- 공민권은 18세기, 정치권은 19세기, 복지권은 20세기에 확립되었음
- 복지권은 평등을 지향하는 시민권 이념과 현실의 사회적 불평등을 양립할 수 있게 함

5. 이익집단이론(다원주의이론) ★★

1) 이익집단이론의 주요 내용
① 이익집단들의 노력에 의해 사회복지정책이 발달되었다고 보며 다원주의이론이라
　고도 함
② 이익집단은 공통의 목적을 가지고 공공정책에 영향을 미치기 위해 노력하는 개인
　들의 조직체임
③ 이익집단은 계급이나 직능을 넘어 연령, 언어, 종교를 중심으로 결성되기도 함
④ 다양한 이익집단들의 이익상충을 조정하는 데 있어 정부의 중립적인 역할이 중요
　시 됨

2) 이익집단이론의 한계점
① 복지정책의 발달에는 사회경제적 여건에 따라 영향을 많이 받기 때문에 이익집단
　만의 설명으로는 한계가 있음
② 정치적으로 다원화된 미국과 같은 민주주의 국가에서는 설명이 가능하나 나머지
　대부분의 국가에서의 복지정책의 발달을 설명하는 데는 어려움이 있음

> ※ 요점 정리
> • 사회복지정책을 이익집단들 간의 갈등과 타협의 산물로 간주함
> • 다양한 이익집단들의 상충된 이익을 조정하는 정부의 중립적인 역할이 중요
> 　시 됨

6. 권력자원이론 ★★★

1) 권력자원이론의 주요 내용
① 노동자계급의 정치적 세력이 확대되면 그 결과로 사회복지가 발전된다고 보는
　이론

② 사회복지는 노동자들의 계급투쟁에서 쟁취한 성과물이라고 봄
③ 노동자계급들이 복지국가체제를 수호할 뿐만 아니라 점진적으로 자본주의를 개혁
   하는 방향으로 권력자원이 될 수 있다고 봄
④ 노동자계급의 지지를 받는 사회민주주의 복지체제는 완전고용, 무상의료, 무상교
   육제도, 노동의 탈상품화를 통한 연금제도 등을 확립하였음

2) 권력자원이론의 한계점
① 집권을 위해서는 다른 계급의 이익도 반영해야 하기 때문에 순수한 노동자계급만
   의 이익을 위한 정당은 존재하기가 쉽지 않음
② 많은 국가의 사회복지정책들은 사회민주주의 세력보다는 자유주의 혹은 보수주의
   세력이 시작한 것에 대한 설명은 쉽지 않음

7. 음모이론(conspiracy theory) ★★

1) 음모이론의 주요 내용
① 사회복지정책에는 기득권 유지와 사회의 안정을 위해 사회통제를 목적으로 한 음
   모가 서려있다고 보며 사회통제이론이라고도 함
② 사회양심론과 정반대의 입장으로 미국의 사회복지 발달은 중산층계급의 자비심에
   서 나온 것이 아니라 빈민을 통제하기 위해 공적 사회복지제도를 사용하였다는 논
   리를 전개
③ 갈등기 또는 정권교체기에 등장하는 사회복지정책이 정당성의 확보 또는 정치권
   의 재생산을 위해 도입 · 확대되는 사실을 명확히 폭로해 낼 수 있음
④ 비스마르크의 사회보험 실시: 노동자들의 사회운동을 저지하기 위함
⑤ 대표적인 학자: 피븐(piven), 클로와드(cloward)

2) 음모이론의 한계점
① 사회복지정책을 결정하는 사람의 의도보다는 정책의 결과에 의존하고 있음

② 사회안정을 위협하지 않으면서 사회복지의 혜택을 입고 있는 사례를 설명할 수
없음

> ※ 요점 정리
> • 지배계급이 빈민을 통제하기 위해 사회복지제도를 이용한다고 봄
> • 사회복지정책은 사회적 무질서를 해결하고 노동규범을 강제하기 위한 억압정
>   책임

8. 종속이론(dependency theory) ★★

1) 종속이론의 주요 내용
① 종속이론은 제2차 세계대전 이후 식민국가들의 복지제도 변천을 설명하려는 이론
② 식민국가가 종주국의 이익에 도움이 되는 방향으로 운영되었고, 그 제도가 독립
   이후에도 그대로 모방되거나 유지되는 현상을 설명함
③ 강대국들이 약소국가인 식민지 약탈을 합리화시키기 위한 이론으로 비판받고
   있음

2) 종속이론의 한계점
① 제3세계의 독립과정에서의 민족국가 형성이 지니는 의의를 과소평가하고 있음
② 종속성 탈피의 방향에 대한 설명이 명확하게 나타나고 있지 않음

9. 국가중심이론 ★★

1) 국가중심이론의 주요 내용
① 사회복지정책을 독립된 주체인 국가가 스스로 문제를 인식하고 해결하려고 하는
   노력의 산물로 파악하는 이론

② 사회복지의 수요측면보다 공급자로서의 국가 관료조직의 역할을 가장 중시함

③ 국가 관료들의 자기이익 추구행위가 복지국가 발전을 가져온다고 봄

2) 국가중심이론의 한계점

① 사회복지발달의 본질적 원인에 대해서는 등한시하게 됨

② 국가별 특성이 다르기 때문에 사회복지정책 발달이론으로 일반화하기가 쉽지
   않음

※ 요점 정리

• 사회복지정책은 특정집단의 요구를 반영한 것이 아니라 국가가 스스로 문제
   를 인식하고 해결하려는 노력의 산물로 인식함

• 사회문제를 발견하고 그 해결책을 찾아 수행하는 관료조직의 역할을 가장 중
   시함

• 사회적 쟁점과 그 해결책은 점차 복잡해지는 경향이 있으며, 정치인과 이익
   집단의 역할은 약화되는 반면에 관료와 전문가의 역할은 더욱더 중요해진다
   고 봄

01) 사회복지정책의 발달이론에 관한 설명으로 옳지 않은 것은? (16회 기출)

① 확산이론: 한 국가의 제도나 기술혁신이 인근 국가에 영향을 준다.

② 음모이론: 사회복지정책에 대해 사회안정과 질서유지를 위한 하나의 수단으로 보았다.

③ 독점자본이론: 경제발전이 상당 수준에 이르면 사회복지 발전정도가 유사하게 나타난다.

④ 이익집단이론: 현대사회에서 귀속적 차이 등에 따른 집단들 간의 정치적 행위가 커지고 있다.

⑤ 사회양심이론: 인도주의에 입각한 사회적 의무감이 사회복지 정책을 확대할 수 있다.

☞ 해설: 사회복지정책의 발달이론 참조

• 산업화이론: 경제가 상당한 수준으로 발전하게 되면 사회복지도 유사한 형태로 수렴된다는 이론으로 수렴이론이라고도 한다.

• 이익집단이론: 이익집단들의 노력에 의해 사회복지정책이 발달되었다고 보며 다원주의이론이라고도 한다. 정답 ③

02) 산업화이론에 관한 설명으로 옳지 않은 것은? (13회 기출)

① 산업화이론의 대표적인 학자로는 윌렌스키(Wilensky)가 있다.

② 산업화 정도와 복지국가의 다양한 제도 형태와의 연계성을 잘 설명해 준다.

③ 복지국가는 산업화로 발생된 사회적 욕구에 대한 대응이었다.

④ 복지국가의 발전은 산업화로 인한 경제성장과 함께 이루지는 것으로 본다.

⑤ 복지국가는 산업화의 발전으로 재정적 능력이 향상되어 가능해졌다.

☞ 해설: 사회복지정책의 발달이론 참조

• 산업화이론은 산업화로 인해 발생한 새로운 욕구가 구체적인 사회복지제도로 형성되는 과정을 설명하지 못한다. 즉, 산업화 정도와 복지국가의 다양한 제도 형태와의 연계성을 잘 설명해 주지 못하는 한계점이 있다. 정답 ②

제7장
|
사회복지와 복지국가의 유형화

1. 사회복지의 개념

1) 윌렌스키(Wilensky)와 르보(Leveaux)의 2분 모형 ★★★

초기 유형화의 대표적인 학자, 사회복지의 개념을 잔여적 개념과 제도적 개념의 2분
법을 제시함. 가장 기본적인 모형으로 사회복지를 포괄하는 상반된 두 가지 입장으로
대비함

(1) 잔여적(보충적, 선별적) 모형

① 사회복지는 가족 또는 시장과 같은 정상적인 공급구조가 제 기능을 발휘하지 못하
는 경우에 한시적 일시적으로만 기능을 수행함

② 초기 산업사회와 자유주의 국가에서 나타났으며 빈민과 같은 요보호 대상자들에
게 사회적으로 최저한의 급부를 주는 역할만 수행함

(2) 제도적(보편적) 모형

① 사회복지는 현대 산업사회에서 정상적인 제1선의 제도적인 기능을 수행함

② 국가의 적극적 개입을 통해 사회복지를 구현하며 평등, 빈곤으로부터 자유, 우애 등의 가치를 강조함

2) 티트머스(Titmuss)의 3분 모형 ★★

윌렌스키(Wilensky)와 르보(Leveaux)의 2분 모형에 '산업성취모형'이라는 새로운 모형을 추가하였다. 티트머스는 산업성취모형에 해당되는 사회보험제도는 시장에서의 지위를 수정하는 것이 아니라 유지시키는 기능을 하고 있기 때문에 재분배기능이 더 강한 보편적 복지프로그램과는 그 성격이 다르다는 점을 강조함

(1) 잔여적(보충적) 모형

① 복지욕구는 일차적으로 가족과 시장을 통해 충족되어야 하며, 국가는 가족과 시장이 충족하지 못할 때에만 개입함
② 빈곤의 책임은 개인에게 있으므로 국가의 빈민구제정책은 개인의 자립의지를 전제로 최저수준으로만 제공함
③ 선별주의, 공공부조프로그램을 강조함

(2) 산업성취모형

① 잔여적 모형과 제도적 재분배모형의 중간형태이며, 시녀적 모형이라고 하며, 사회복지를 경제성장의 수단으로 활용하고자 함
② 사회복지급여는 시장에서의 지위를 반영하여 직업별·계층별로 제공되어야 하며, 개인의 사회적 욕구는 업적, 생산성, 성취도를 기초로 충족됨
③ 사회보험프로그램을 강조함

(3) 제도적 재분배 모형

① 국가는 복지욕구를 충족시키는 주요 제도로서 복지급여를 보편적으로 제공함
② 평등과 재분배정책 강조, 분배정책은 개인의 능력이 아니라 욕구에 따라 이루어져야 함
③ 보편적 복지프로그램(사회수당, 사회서비스 등)을 강조함

2. 복지국가의 유형화이론

1) 조지와 윌딩(V. George & P. Wilding)의 초기 이데올로기 모형 ★★★★

사회복지에 영향을 미치는 이념을 기준으로 4가지 모형(1976)으로 유형화함

(1) 반 집합주의(신우파): 산업화 초기, 세계대공황(1929) 이전 미국의 복지정책
① 자유주의적 이념에 초점, 국가의 간섭이 없는 것이 자유의 본질이라고 봄
② 복지국가에 대해 반대 입장, 가장 낮은 수준의 사회복지정책을 지향하는 유형임

(2) 소극적 집합주의(중도노선): 세계대공황(1929) 이후 미국의 복지정책
① 수정자본주의 요소를 반영, 당면문제의 해결을 위해 정부의 조건부개입을 인정함
② 빈곤 완화에 대한 국가책임을 인정하는 낮은 수준의 복지정책을 제한적으로 지지함
③ 복지국가를 사회안정과 질서유지에 필요한 것으로 간주하는 실용적인 방향을 취함
④ 주요학자: 케인즈, 베버리지 등

(3) 페이비언 사회주의(사회민주주의)
① 점진적인 사회주의 모형, 적극적 자유를 강조, 높은 수준의 사회복지정책을 지

향함

② 복지국가에 대해 적극 찬성하는 입장, 국가의 지속적인 불평등 완화역할에 무게
를 둠

③ 주요학자: 토오니, 티트머스 등

(4) 마르크스주의

① 자본주의 생산양식 비판, 자본주의체제의 수정이나 개혁보다는 이를 전면 부
정함

② 자본주의체제가 지속되는 한 빈곤은 결코 소멸될 수 없다는 점에서 빈곤완화에 대
한 국가의 책임에 대해 부정적인 입장을 취함

③ 주요학자: 밀리반트 등

〈 조지와 윌딩의 수정된 이데올로기 모형(후기모형) 〉★★★

(1) 신우파

① 국가의 역할이 축소되는 대신 시장이 더 많은 역할을 수행하는 형태

② 소극적 자유강조, 평등보다는 자유를 우선시함

③ 복지정책의 확대가 경제적 비효율성과 근로동기를 약화시킨다고 봄

④ 복지국가를 자유 시장경제의 걸림돌로 간주함

(2) 중도노선

① 복지정책을 통해 자본주의사회의 빈곤과 불평등을 완화할 필요가 있다고 봄

② 복지정책은 사회문제를 개선하고 사회결속을 유지하는 경우에만 유용하다
고 봄

(3) 사회민주주의

① 복지정책이 불평등 완화와 평등한 사회를 구축할 수 있다고 봄

② 사회통합과 평등추구를 위한 사회복지정책의 확대를 지지함

③ 점진주의와 민주주의를 통한 사회주의 건설이 가능하다고 봄

(4) 마르크스주의

① 자본주의 사회에서 빈곤의 문제는 필연적으로 발생한다고 봄

② 사회복지는 자본주의를 방어하고 정당화하는 기제에 불과하다고 봄

③ 복지정책의 확대를 반대하며 노동자의 혁명에 의한 사회주의건설을 주장함

(5) 페미니즘(Feminism)

① 복지국가에 대해 양면성, 여성친화적 국가라는 호의적 반응과 성차별체계의 현대적 양상에 지나지 않는다는 입장이 공존함

② 복지국가는 자본주의 유지를 위한 남성들의 기득권을 약화시키는 가족정책 또는 양성평등 정책을 지지하는 정책을 실시한다고 인정함

③ 복지국가는 남성들의 권력 및 특권을 유지하는 가부장적 정책들도 동시에 채택하고 있다고 비판함

(6) 녹색주의(Greenism)

① 복지국가가 경제성장을 통해 환경문제를 유발하기 때문에 반대함

② 복지국가의 사회복지서비스는 사회문제의 현상만을 다루고 있다고 비판함

③ 경제성장과 소비의 감축과 마찬가지로 공공복지지출도 축소되어야 한다고 봄

2) 에스핑 엔더슨(G, Esping-Andersen)의 복지국가 모형 ★★★★★

복지가 가족, 시장, 국가 안에서 어떻게 배분되느냐에 따라서 3가지 모형으로 유형화하고, 복지국가는 역사의 산물이며 사회계급 간의 투쟁의 산물이라는 점을 전제하고 있음

(1) 복지체제의 유형화의 기준: 탈상품화, 계층화

① 탈상품화: 근로자가 자신의 노동력을 상품으로 시장에 내다팔지 않고서도 살 수

있는 정도, 즉 탈상품화가 높을수록 복지선진국을 의미함(연금, 질병급여, 실업급여 등)

② **계층화**: 사회복지정책을 통해 계층구조를 유지·강화시키는 정도를 의미함

(2) 복지국가의 모형

① 자유주의적 복지국가
- 국가가 빈곤계층을 대상으로 국민최저수준의 복지급여를 제공, 탈상품화의 효과와 재분배효과가 미약하며, 공공부조가 강조됨
- 대표적인 국가: 미국, 캐나다, 호주 등

② 조합주의적(보수주의적) 복지국가
- 사회보험이 강조되며 소득보장은 국민최저수준 이상이고, 고소득층은 높은 보험료를 내고, 높은 복지혜택을 받는 사회보험의 특징 때문에 탈상품화의 효과에는 한계가 있음
- 대표적인 국가: 프랑스, 독일, 오스트리아 등
- 복지운영의 3가지 특징 : 조합주의, 군주제국가주의, 가족주의

③ 사회민주주의적 복지국가
- 사회적 평등과 전 국가적인 사회연대성의 제고를 위해 국가가 적극 개입하며, 보편주의원칙과 사회권이 중시되며, 탈상품화의 효과가 가장 큰 국가임
- 복지의 재분배 기능이 강력하며, 복지급여는 중간계급까지 확대됨
- 대표적인 국가: 스웨덴, 덴마크, 노르웨이, 핀란드 등 스칸디나비아 국가들

3) 퍼니스(N. Furniss)와 틸튼(T. Tilton)의 복지국가 모형 ★★
사회복지욕구에 대한 정부의 개입형태에 따라 3가지 모형으로 유형화함

(1) 적극적 국가
① 가장 중요한 정책목표를 지속적인 경제성장으로 삼고, 이를 위해 정부와 자본이 공생관계를 유지하는 것을 최선으로 여김
② 자유방임주의와 개인주의를 바탕으로 한 자유경제시장에서 선호되는 사람, 즉 무

한 경쟁에서 살아남을 수 있는 사회적 강자들이 가장 큰 혜택을 받음

(2) 사회보장국가

① 사유재산체계가 국민 모두의 생활안정을 약속해 줄 수 없기 때문에 국가가 그 빈 자리를 메워야 한다는 인식을 바탕으로 사회정책을 통해 국민 누구에게나 최저수준을 보장함

② 사회는 사회보험만으로 부족하기 때문에 사회부조나 보편적 서비스의 제공과 같은 다른 방법을 채택하게 되며, 국가의 책임 못지않게 개인의 동기 · 기회 그리고 책임의 중요성도 동시에 인식함

(3) 사회복지국가

① 경제정책이 사회정책의 구속을 받게 되며, 사회복지서비스는 취약계층에 대한 원조라는 성격을 초월함

② 평등과 사회통합의 실현을 목표로 삼기 때문에 철저한 민주주의와 사회평등주의를 지향한다는 점에서 사회보장국가와 차별성을 갖기도 함

4) 파커(J. Parker)의 모형

(1) 자유방임주의형

① 자유주의적 시장경제 중심의 체제를 강조함

② 복지는 개인의 경제력에 의해 해결하는 것이 바람직하다고 봄

(2) 자유주의형

① 자유방임주의와 사회주의 중간 형태로 봄

② 개인의 자유나 기회의 평등을 강조함

(3) 사회주의형

① 개인의 실질적인 평등과 생존권 보장을 강조함

② 복지문제에 대해서는 국가가 적극적으로 개입함

5) 미쉬라(R. Mishra)의 모형

(1) 분화된 복지국가

① 사회복지가 경제와 구분되고 대립되어 경제에 악영향을 주는 사회복지는 제한됨

② 경제와 연계를 갖지 않는 잔여적 사회복지정책만 제공되는 유형(미국, 영국)

(2) 통합된 복지국가

① 사회복지와 경제가 구분되지 않고 상호의존적인 관계로 인식하는 유형

② 보편적 사회복지정책을 제공하는 유형(스웨덴, 네덜란드 등)

6) 테어본(Therborm)의 모형

① 프롤레타리아 복지국가

② 부르주아 복지국가

※ 핵심 정리

〈 윌렌스키와 르보의 2분 모형 〉

구분	잔여적 모형	제도적 모형
개인의 욕구	가족, 개인이 1차적 책임	사회복지가 일차적, 정상적으로 제도화됨
사회복지	국가는 일시적, 구호적	

〈 티트머스의 3분 모형 〉

구분	잔여적 모형	산업성취모형	제도적 재분배모형
개인의 욕구	개인, 가족이 1차 책임	생산성, 성취도에 기초	필연적
사회복지	국가는 일시적, 구호적	경제적 부속물	1차적, 정상적 제도화

〈 조지와 윌딩의 이데올로기 모형 〉

구분	이데올로기			
	반집합주의	소극적 집합주의	페이비언 사회주의	마르크스주의
중심적 사회가치	• 소극적 자유 • 불평등	• 소극적 자유 • 실용주의	• 적극적 자유 • 평등	• 적극적 자유 • 평등
정부의 개입	부정적	조건부 인정	적극 인정	적극 인정
복지국가 관점	반대	찬성	적극 찬성	적극 반대
빈곤완화 국가책임	필요악	최저수준 보장	적극적 책임	자본주의 체제에서 국가에 의한 빈곤 소멸은 불가능

〈 에스핑-엔더슨의 복지국가 모형 〉

구분	자유주의적 복지국가	조합주의적 복지국가	사회민주적 복지국가
특징	• 공공부조 강조 • 탈상품화 효과미약 • 재분배효과 미약	• 사회보험 강조 • 탈상품화 효과: 한계	• 보편주의 원칙 • 탈상품화 효과매우 큼
대표 국가	• 미국, 캐나다	• 프랑스, 독일	• 스웨덴, 덴마크, 핀란드

〈 퍼니스와 틸튼의 복지국가 모형 〉

구분	적극적 국가	사회보장국가	사회복지국가
특징	• 지속적 경제성장이 정책의 목표 • 무한경쟁의 승자가 최고의 혜택을 받음	• 국민의 최저수준 보장 • 개인책임, 동기도 중시	• 평등과 사회통합이 정책의 목표 • 철저한 민주주의와 사회평등주의
대표 국가	• 미국	• 영국	• 스웨덴

01) 에스핑 엔더슨(G, Esping-Andersen)의 복지국가 유형에 관한 설명으로 옳지
 않은 것은?   (16회 기출)

① 자유주의 복지국가는 시장의 효율성을 중시한다.

② 자유주의 복지국가는 저소득층에 초점을 맞춘다.

③ 보수주의 복지국가는 개인의 책임과 자조의 원리를 강조한다.

④ 보수주의 복지국가는 사회적 지위에 따라 사회보험 혜택의 차이가 있다.

⑤ 사회민주주의 복지국가는 보편주의적 개입을 통해 가족과 시장을 대체하는 특성
 을 갖고 있다.

☞ 해설: 에스핑 엔더슨(G, Esping-Andersen)의 복지국가 유형 참조

• 개인의 책임과 자조의 원리를 강조하는 것은 자유주의적 복지국가이다.

• 보수주의적(조합주의적) 복지국가는 사회보험이 강조되며 소득보장은 국민최저수
 준 이상이고, 고소득층은 높은 보험료를 내고, 높은 복지혜택을 받는 사회보험의
 특징 때문에 탈상품화의 효과에는 한계가 있다.

정답 ③

02) 조지와 윌딩(V. George & P. Wilding)이 말한 '신우파'에 관한 설명으로 옳은
 것을 모두 고른 것은?   (12회 기출)

ⓐ 국가의 개입은 경제적 비효율 초래

ⓑ 민영화를 통한 정부의 역할 축소

ⓒ 전통적 가치와 국가 권위의 회복 강조

ⓓ 노동 무능력자에 대한 국가의 책임 인정

---

① ㉠, ㉡, ㉢　　　　　② ㉠, ㉢　　　　　③ ㉡, ㉣

④ ㉣　　　　　　　　　⑤ ㉠, ㉡, ㉢, ㉣

☞ 해설: '신우파' 참조

- 국가의 역할이 축소되는 대신 시장이 더 많은 역할을 수행하는 형태이다.

- 소극적 자유강조, 평등보다는 자유를 우선시한다.

- 복지정책의 확대가 경제적 비효율성과 근로동기를 약화시킨다고 본다.

- 복지국가를 자유 시장경제의 걸림돌로 간주한다.

정답 ⑤

제8장
|
사회복지관련 사상

1. 자유방임주의 ★★★

1) 개념
① 개인의 경제활동의 자유를 최대한 보장, 국가의 간섭을 가능한 배제하려는 경제
   사상
② 18세기 중기의 근대자본주의의 기본정책으로 고전경제학파가 체계를 세움
③ A. 스미스, T.R. 맬서스, D. 리카도 등 고전경제학파가 주장함

2) 구빈법과 자유방임주의 등장
① 1601년 엘리자베스의 빈민법(The Poor Law)은 사회복지정책의 역사로 볼 수
   있음
② 구빈정책은 사회 전체의 사회복지보다는 어디까지나 절대군주의 자기지배의 정당
   성을 위한 억압적 온정주의를 바탕으로 시행됨
③ 산업화의 거센 물결이 급격한 경제 · 사회적 변동을 가져오기까지는 중상주의가
   모든 국가정책의 기조였음

3) 자유방임주의 쇠퇴와 복지국가 등장

① 18~19세기 사상인 자유방임주의는 최소한의 국가기능이 최대한의 자유를 보장한다는 논리아래 정부에 대한 각종 제재 장치를 통해 국가의 불간섭 원칙을 강조함(작은 정부선호)

② 기술문명과 변질되어 가는 복잡한 산업사회는 빈곤의 만연, 노사대립, 가진자의 착취, 경제공황 등 많은 사회문제가 발생함

③ 노동자의 비참한 생활을 게으름의 소산으로만 돌리고, 피지배층에 대한 책임을 저버린 자유방임주의에 대하여 비판함

④ 안정된 국민생활을 위해 국가의 보호와 간섭이 필요하다는 목소리가 높아지면서 복지국가의 개념이 등장하게 됨

⑤ 자유방임주의의 '보이지 않는 손'에 의한 자동조절작용은 상실되고, 정부의 시장개입을 선언한 케인즈(J.M. Keynes)주의 복지국가시대가 도래하게 됨

2. 케인즈(J. M. Keyness)주의 ★★★

1) 개념: 사회정책〉경제정책

① 수정자본주의, 소극적 집합주의, 국가개입주의라고도 함

② 자유방임주의를 비판, 1929년 세계대공황 이후 사회복지정책 확대시기의 논리가 됨

③ 시장의 무정부성이 초래한 세계 대공황기에 국가에 의한 적극적 시장개입을 강조함

④ 사회복지정책은 자본주의를 보호하기 위한 훌륭한 장치로 간주함

2) 유효수요의 원리

① 고용이 증가하면 소득이 증가하고, 소득이 증가하면 소비행위 즉 유효수요가 증가함

② 유효수요의 원리에 입각하여 경기순환을 안정시키고 완전고용을 실현하기 위해서

는 국가의 적극적 개입이 필요하다고 주장함

③ 국가는 공공사업을 일으켜 정부지출을 증대시키고, 조세를 감면해 주는 등 적극적인 재정정책이 필요하다고 주장함

3) 케인즈주의 쇠퇴와 신자유주의 등장

① 세계대공황(1929) 이후 엄청난 영향을 미친 수정자본주의와 국가개입주의는 1973년과 1979년 2차에 걸친 오일쇼크와 스태그플레이션으로 무너지고 말았음

② 장기적인 스태그플레이션은 케인즈주의 이론에 기반한 경제정책이 실패한 결과라고 지적하며 대두된 것이 신자유주의 이론임

※ 요점 정리

• 고용이 증가하면 소득이 증가하고, 소득이 증가하면 유효수요가 증가

• 유효수요가 감소하면 경기불황을 가져오고, 소득이 감소하며 실업은 증가함

• 저축이 증가하면 투자가 감소하고, 고용이 감소함

• 유효수요의 증대를 위해 사회복지정책이 필요함

• 사회적 불평등을 완화하기 위해 사회복지정책이 필요함

• 사회복지정책은 자본주의를 보호하기 위한 훌륭한 장치라고 봄

---

3. 신자유주의(신보수주의) ★★★

1) 개념: 경제정책〉 사회정책

① 신자유주의와 신보수주의는 모두 넓은 의미의 신우파에 속하는 이념으로 시장적 자유와 개인의 사적 소유권을 절대적 가치로 봄

② 국가의 개입이 최소화되고, 개인의 자유가 중심이 된 사회체계를 지향하는 사상

③ 1970년대 초 복지국가 위기의 현상으로 국가 재정의 적자누적, 경제성장의 둔화 등이 나타나면서 새롭게 영향력을 얻게 된 사상

④ 복지국가에서 발생한 여러 문제를 해결하기 위해 공공지출의 축소를 주장함

⑤ 시장의 경쟁력을 높이기 위해 국가개입의 축소, 사회보장제도의 축소, 국영기업의 민영화 등을 주장함

2) 신자유주의(신보수주의) 등장배경

① 1980년대 이후 기업 활동에 대한 정부규제의 완화, 시장원리의 활성화로 경제를 회복시키자는 신자유주의 · 신보수주의의 주장이 힘을 얻어가면서 미국의 레이건 대통령, 영국의 대처수상 등이 이러한 사상을 기반으로 집권하게 됨

② 시장상황과 기술혁신에 기업이 유연하게 적용하여 경쟁력을 발휘하기 위해서는 신속한 의사결정과 유연한 노동력의 관리가 필요하다고 주장함

③ 노동자보호입법을 후퇴시키고 노조활동을 규제하고, 국민경제의 경쟁력 강화를 위해 복지국가의 축소가 반드시 필요하다고 주장함

④ 복지국가의 축소는 국가의 재정지출을 줄여 인플레를 약화시키고, 공공복지부문에 과다하게 투여된 인력과 자원을 민간경제로 돌려 건전한 성장을 유도할 수 있다고 주장함

⑤ 사회정책을 경제정책에 종속시키려는 시도를 하였음

⑥ 신자유주의와 신보수주의 사회정책의 주요 특징
- 정부의 역할 축소, 법인세 인하를 통한 기업경쟁력의 강화, 소극적 자유의 강조, 개인주의, 경쟁의 원리 등
- 사회보장제도의 개혁 : 사회복지급여 지급조건의 강화, 사회복지급여 지급수준의 인하, 사회복지급여 지급기간의 단축 등

3) 복지국가에 대한 견해

① 복지비를 줄여 기업에 대한 조세감면을 기하고, 복지자원을 꼭 필요한 사람에게만 집중시켜 효율성을 기해야 한다고 주장함

② 국가책임의 과잉은 개인의 책임의식, 가족과 공동체의 연대의식, 사적 자원의 가치를 약화시킨다고 봄

4. 페이비언사회주의 ★★★

1) 개념
① 점진주의, 의회주의를 특징으로 하는 사회주의 이념으로서, 평등 · 자유 · 우애 · 민주주의 · 인도주의 · 집합주의가 지배적인 가치임
② 사회적 선(善)을 추구하고 달성하는데 있어 국가가 매우 긍정적 역할을 수행한다고 봄
③ 자본주의를 극복의 대상으로 간주하며, 소득의 평등보다는 <u>부(富)의 평등</u>을 주장함
④ 평화적 · 점진적 방법으로 사회주의 지향, 계급전쟁보다 윤리주의, 공리주의를 더 중시함
⑤ 사회통합을 중시, 사회경제적 불평등에 뿌리를 둔 계급갈등은 사회통합의 가장 큰 적이며 불평등은 사회통합을 위해 완화되어야 한다고 주장함

2) 사회복지정책의 필요성
사회통합, 공동체의식의 강화, 이타주의 의식의 유지를 위함

5. 사회민주주의 ★★★

1) 개념

① 마르크스주의에서 시작, 급진적 사회주의 혁명노선을 포기, 자본주의를 현실로 인정하며, 평등 · 자유 · 우애를 중심적 사회가치로 봄

② 의회와 선거정치를 통해 사회주의적 이상을 실현, 노동력의 탈상품화를 통한 노동계급의 단결과 연대성을 형성하고자 함

③ 핵심적 특징은 민주주의와 점진주의이며, 노동과 복지는 대립 · 배타적인 관계가 아니라 상호보완적인 관계로 봄

④ 사회전체의 높은 수준의 평등을 구현하기 위해 보편적인 복지서비스를 제공, 평화적이고 점진적으로 사회주의적 평등을 이루고자 함

⑤ 복지국가는 노동자계급을 대변하는 정치적 집단의 세력이 커질수록 발전한다고 봄

⑥ 복지국가 발전의 원인으로 강력하고 중앙집권화된 노동조합운동과 지속적인 사회민주주의의 정당의 집권을 중요한 요인으로 제시함

2) 사회민주주의 이론에 대한 평가

노동자계급이 아닌 보수주의자에 의해 복지프로그램이 도입된 국가들의 상황을 설명하기 어려워 북유럽 국가들에만 적합하다는 비판을 받고 있음

> ※ **코르피(Korpi)의 권력자원이론**
> - 노동자계급이 단결된 정치적 힘을 통해 권력자원을 동원할 경우 노동자 계급에게 유리한 방향으로 정책을 이끌어 갈 수 있음
> - 그 결과 획득한 승리의 전리품이 복지국가라고 보며, 노동자계급의 정치적 세력이 확대되면 사회복지가 발전한다고 주장하는 이론임

---

6. 마르크스주의 ★★

1) 개념

① 자본주의는 노동자들에 의해 지양되어야 할 착취체제이며, 지배계급이나 부르주아 계급의 장기적 이익에 봉사하는 도구로 봄

② 위로부터의 개량주의적 사회복지정책은 반대하였지만 노동자계급이 자주적으로 얻어내거나 내용적으로 진보적인 사회복지정책은 찬성함

③ 비스마르크의 사회보험은 그 내용이 노동자에 대한 동냥에 불과하다고 판단하여 반대함

④ 사회주의자들은 사회보험에 대한 노동자들의 부담을 특히 반대하였으며, 국가와 자본가계급만의 부담을 요구함

⑤ 사회개량주의자(박애주의자, 인도주의자, 자선사업가)에 대해 매우 부정적 견해를 가짐

2) 마르크스주의자들의 견해

사회개량주의자들을 부르주아 사회주의자로 보았으며, 이들은 부르주아사회의 존립을 보장하기 위해 사회적 폐해를 단지 제거하고자 할 뿐이라고 비판함

※ 요점 정리
- 사회복지정책이 비록 노동자계급이나 빈민을 위한 것이라고 하더라도 자본주의 국가가 시행하는 한 구조적으로 부르주아 계급이익에 반하는 것이 될 수 없으므로 노동자계급은 이를 수용해서는 안 된다고 주장함
- 사회개량주의와 같은 보수적 사회주의는 부르주아 사회의 존립을 보장하기 위해 사회적 폐해만을 단지 제거하고자 할 뿐이라고 주장함
- 자본주의 국가의 사회복지정책은 노동자계급의 의식을 약화시키는 해독제에 불과하지만 계급투쟁을 통해 얻은 사회복지정책은 의미가 크다고 봄

---

7. 신(新)마르크스주의(Neo-Marxism) ★★★

1) 개념
① 세계대공황과 두 차례의 세계대전이후 국가의 역할변화, 복지국가의 등장으로 전통적인 마르크스주의를 수정한 이론으로 독점자본주의 이론이라고도 함
② 국가를 자본가계급의 지배도구로 간주하는 전통적 마르크스주의를 지지하면서도 국가정책의 수행과정에서 어느 정도 자율성을 지닐 수 있음을 인정함
③ 독점자본의 필요성에 의해 복지국가가 등장하고 발전하였다고 보면, 복지국가의 위기와 재편의 필요성을 복지국가의 모순에서 찾고 있음
④ 이 모순은 독점자본주의 단계의 국가가 수행해야할 기능인 자본축적과 정당화라는 모순적인 기능에서 비롯된다고 봄

2) 신마르크스주의 유형
① 도구주의적 관점: 국가는 자본가계급의 도구에 지나지 않기 때문에 주요한 복지정책은 자본가계급에 의해 제안되고 결정됨
② 구조주의적 관점: 국가는 자본주의 경제의 장기적인 안정과 강화를 위하여 어느 정도 자율성을 갖고 자본가 계급에 반하는 복지정책을 추진하며 또한 자본축적의 역할을 적극적으로 수행함

8. 조합주의 (corporatism) ★★

1) 개념
① 조합주의(코프라티즘)는 정부와 이익집단이 갖는 정책과정상의 역할분담에 대해 설명하는 것임
② 과거 조합주의는 권위주의적 코프라티즘, 국가적 조합주의라 하며, 최근의 조합주의는 신조합주의, 자유주의적 조합주의, 사회적 조합주의라고도 함

2) 조합주의 유형

(1) 국가조합주의

① 국가가 통치 권력을 강화하기 위해 강제적으로 편성시킨 이익대표 체계

② 국가의 권위에 의해 위로부터 사회집단이 조직되고 이 집단들은 국가에 종속적 · 보조적 관계에 있음

(2) 신조합주의

① 1970년 석유파동으로 인해 자본주의적 고도성장의 종언과 국가의 경제적 위기에 대한 대응책으로서 중요한 이익집단을 국가의 정책결정과정에 참여시켜 위기를 극복하기 위한 이익대표 체계

② 국가의 이익집단에 대한 통제보다는 유인에 의해 협조를 이끌어내고, 이익집단은 자율적으로 국가에 협조하는 데 특징이 있음

　　예) 노동조합대표들을 정부정책과정에 참여시켜 고용과 복지문제를 해결하고자 하는 경우

01) 복지국가의 이론적 기초가 되는 케인즈(J. M. Keyness) 경제이론에 관한 설명으로 옳지 않은 것은? (17회 기출)

① 고용이 증가하면 소득이 증가하고, 소득이 증가하면 유효수요가 증가한다.

② 유효수요가 감소하면 경기불황을 가져오고, 소득이 감소한다.

③ 저축이 증가하면 투자가 감소하고, 고용의 감소로 이어진다.

④ 유효수요가 증가하면, 경기호황을 가져와 투자의 증가로 이어진다.

⑤ 소득이 증가하면 저축이 감소하고, 투자의 감소로 이어진다.

☞ 해설: 케인즈 이론 참조

• 고용이 증가하면 소득이 증가하고, 소득이 증가하면 유효수요가 증가한다.

• 유효수요가 감소하면 경기불황을 가져오고, 소득이 감소하며 실업은 증가한다.

• 저축이 증가하면 투자가 감소하고, 고용이 감소한다.

• 유효수요의 증대를 위해 사회복지정책이 필요하다.

• 사회적 불평등을 완화하기 위해 사회복지정책이 필요하다.

• 사회복지정책은 자본주의를 보호하기 위한 훌륭한 장치라고 본다.

정답 ⑤

02) 신자유주의가 지향하는 정책적 특성으로 옳은 것을 모두 고른 것은?

(13회 기출)

> ㉠ 시장의 자율적 경쟁을 강조한다.
> ㉡ '작은 정부'를 지향한다.
> ㉢ 복지국가는 국민의 책임보다 권리를 강조한다고 비판한다.
> ㉣ 복지제공에서 보편주의를 주장한다.

① ㉠, ㉡, ㉢
② ㉠, ㉢
③ ㉡, ㉣
④ ㉣
⑤ ㉠, ㉡, ㉢, ㉣

☞ 해설: 신자유주의(신보수주의) 참조
• 신자유주의는 복지제공에서 선별주의를 강조하며, 최소한의 급여수준과 일시적·잔여적 복지모델을 추구한다.

정답 ①

제9장
|
사회복지정책의 형성과 결정

1. 사회복지정책의 형성

1) 사회복지정책관련 개념 ★★

(1) 사회문제(공공문제)

① 개인문제와 달리 방치할 경우 사회에 심각한 문제를 초래할 우려가 있음

② 인간으로서의 기본적인 생활을 누리지 못하여 고통을 받고 있는 사람들의 상황, 조건 등

(2) 공공의제(체제의제)

① 많은 사람들과 집단들의 관심대상이 되어 이슈화된 사회문제

② 정부가 문제를 해결하는 것이 정당한 것으로 인정되는 사회문제

(3) 정부의제(정책문제)

이슈화된 문제들 중에서 정부가 그 해결을 위하여 심각하게 검토하기로 결정한 문제

(4) 정책의제(아젠다)
사회문제들 중에서 정부가 그것에 대한 정책적 해결을 위해 자발적이든 비자발적이든 공식적으로 채택한 의제의 목록을 말함

(5) 정책대안 형성
정책의제로 채택되어 논의되고 정의되는 과정에서의 여러 가지 해결방안들

(6) 정책결정(선택된 대안)
여러 대안들 중 우선순위에 따라 권한을 가진 정책결정자에 의해 선택된 대안

2) 정책의 형성과정
① 새로운 사회복지정책이 형성되거나 기존의 정책이 변경되기 위해서는 사회에 정책의 성립과 변화를 요구하는 어떠한 문제들이 존재하여야 함
② 사회문제들이 발생한다고 해서 특정 정책이 반드시 형성되는 것은 아니며, 그 문제가 이슈로 부각되고, 그것을 진지하게 정책 관련 집단에서 논의하여야 함
③ 정책적 해결을 위해 채택된 의제를 정책의제(아젠다)라 하며, 정책의제가 되어야 대안을 모색하고 적절한 대안을 선택하여 새로운 정책이 시행될 수 있음
④ 정책의제(아젠다)설정에 영향을 미치는 문제의 성격
    - 구체성: 문제가 구체적일수록 의제화될 가능성이 높음
    - 시간성: 기간이 적절할수록 의제화될 가능성이 높음
    - 복잡성: 기술적으로 쉽게 해결될수록 의제화될 가능성이 높음
    - 선례: 선례가 있는 문제가 의제화될 가능성이 높음
    - 사회적 유의성: 사회에 미치는 영향이 클수록 의제화될 가능성이 높음

사회복지문제의 이슈화 어려움
사회복지의 문제는 정치 · 경제적으로 약한 자들의 문제이기 때문에 많은 경우 이슈화되지 못하고 잠재되거나 곧 소멸하는 경우가 많음

---

2. 정책의제(아젠다)의 형성 및 모형

1) 정책의제(아젠다) ★★

(1) 공공의제(체제의제)

① 공중의제는 많은 사람이나 집단들의 관심의 대상이 되며 정부가 그 문제를 해결하는 것이 당연하고 정당한 것으로 인식하는 사회문제

② 이슈의 공중의제화: 사회문제가 이슈화되어 공중의제로 전환되기 위해서는 많은 사람들의 관심, 정부의 조치가 필요하다고 생각하는 상당수의 사람, 그 문제해결에 정부가 적절한 수단과 권한을 가지고 있다는 믿음이 필요함

(2) 정부의제(정책문제)

공중의제가 정부 내로 진입하게 되면 정부의제라 하고, 정부의제는 정부의 공식적인 의사결정에 의해 그 해결을 위해서 심각하게 고려하기로 밝힌 문제

(3) 정책의제(아젠다)의 형성

① 정책의제 형성과정의 참여자
   - 공식적 참여자: 대통령, 장·차관, 국회의원, 고급공무원, 행정관료 등
   - 비공식적 참여자: 정당, 이익단체(압력단체), 전문가와 지식인, 시민단체 등
② 사회복지정책의제 형성의 참여자
   - 이슈기업가: 사회복지문제를 이슈화시켜 일반 국민들에게 인식시키고, 정책결정자들로 하여금 심각하게 논의되도록 만드는 참여자
   - 이해 당사자들: 클라이언트, 일반국민, 비용부담에 책임을 느끼는 기득권층

- 정책결정자: 아젠다 형성에 직접적인 영향을 미치며 가장 영향력이 높음
- 사회복지전문가: 클라이언트를 대변하고 옹호하는 위치에 있으며, 보다 적극적인 노력과 역할이 요구됨

2) 정책의제 형성모형 – 콥과 로스(R. Cobb & J. Ross) ★★★

(1) 외부주도모형
① 정부외부에 있는 집단들이 주도해 정책의제의 채택을 정부에 강요하는 모형
② 다원화되고 민주화된 선진국에서 주로 많이 발생함
③ 언론, 정당, 이익단체 등의 역할이 중요시 됨

(2) 동원모형
① 정부내부에서 먼저 이슈를 생성, 정책의제(아젠다)로 설정한 다음, 국민들의 지지를 얻기 위해 공중의제로 확산시키는 모형
② 민간부문이 취약한 후진국 정치체제에서 많이 나타남
③ 엘리트론으로 해석되며, 정부 내 엘리트들에 의해 이슈가 창출된다고 보는 모형

(3) 내부접근모형
① 정부내부에서 제기되어 정책의제(아젠다)로 설정되는 모형
② 일반 공중의 참여를 배제하고자 시도하는 것으로 공공의제화 노력을 기울이지 않음
③ 공공의제화 노력을 기울이지 않는 점이 동원모형과의 주요 차이점임
   예) 군수사업, 외교정책 등에 많이 나타남

3. 정책의 대안형성과 결정

1) 정책대안의 형성 ★★

(1) 정책대안의 개념
문제해결 방법으로 주어진 목표의 달성을 위한 방법들을 강구, 비교·분석하는 과정

을 말함

(2) 정책대안의 형성기법

① 점진적 방법
  - 한정된 수의 대안만 탐색하는 방법
  - 특히 기존정책에 약간의 수정만하는 방법

② 브레인스토밍(brainstorming)
  - 집단적 토의를 통해 일정한 과제에 관하여 대안을 탐색하는 방법
  - 구성원들의 자유분방한 상태에서 다양한 아이디어, 목표 및 전략의 창출 방법

③ 델파이기법(policy delphi)
  - 설문조사를 통해 장래에 전개될 상황을 미리 예측하는 기법
  - 전문가들의 의견수렴, 중재, 타협의 방식으로 반복적 피드백을 통한 의견도출 방법

2) 정책대안의 비교분석 방법 ★★★

(1) 비용편익분석(cost-benefit analysis)

① 각 대안의 실행에 필요한 비용과 대안의 실행결과 가져올 편익을 비교·평가함
② 모든 내용이나 편익을 화폐가치로 환산하여 가장 가치가 큰 대안을 선택함
③ 장기계획시 유리하며, 비화폐적 요소의 측정에는 제약이 있음

(2) 비용효과분석(cost-effective analysis)

① 비용은 화폐단위로, 효과는 용역단위 또는 기타 가치 있는 효과단위 등 비화폐적 방법으로 측정함
② 최소 비용기준과 최대 효과기준으로 대안을 선택함
③ 총 비용과 총 효과를 비교·분석하여 대안을 선택함

(3) 기타방법: 줄서기기법, 모의실험기법, 결정분석기법 등

3) 정책결정의 과정 ★★

(1) 문제의 인지와 목표의 설정
① 문제의 정확한 파악이 첫 단계이며, 사건의 중요도와 명확성 등에 의해 문제의 인지정도와 척도가 달라짐
② 문제점이 명확하게 파악되면 목표설정을 정확히 할 수 있음

(2) 정보와 자료의 수집 및 분석
① 문제해결에 도움을 줄 수 있는 정확한 정보와 자료를 수집하고 분석함
② 정확하고 올바른 정보와 자료의 뒷받침이 있어야 합리적인 의사결정을 할 수 있음

(3) 대안의 작성 및 평가
① 문제해결을 위한 대안을 찾기 위해서는 정책대안의 작성 및 평가가 필요함
② 적절하고 합리적인 대안을 선택하기 위해서는 가능한 모든 대안들을 고려하고, 대안의 심사결과를 철저하게 분석하고 평가해야 함

(4) 대안의 선택(정책결정)
① 정책결정자는 당면한 문제를 만족스럽게 명확히 인식하여 정의하고, 여러 제반 여건을 고려하여 선택함
② 선택된 후에는 반대, 위험성 및 저항 등을 감안하여 부작용을 최소화시키고자 하는 노력을 해야 함

4) 정책결정의 특성 ★★

(1) 권위 있는 결정
① 권한을 가진 자만이 할 수 있다는 점에서 정책의제 형성이나 정책대안의 형성과 다름
② 권한 있는 정책 결정자에 의하여 결정된 정책은 권위를 갖게 됨

(2) 해결방안의 채택

① 정책과정은 사회세력들의 다툼 속에서 권위 있는 정책결정자에 의하여 이루어지
는 정책적인 문제의 해결대안을 채택함
② 정책결정행위는 제안된 여러 개의 정책대안들 가운데 하나를 선택함으로써 사회
복지문제에 대해 권위를 가지고 결론을 내리는 것을 말함

(3) 공익적 성격

① 정책결정자는 정책대안 가운데 하나를 선택할 때, 사회 전체적인 공익을 기준으
로 함
② 사회복지정책은 사회적 약자의 문제를 다루기 때문에 정책결정과정에서 공익적
성격이 더욱 두드러짐
③ 공익적 성격의 견해: 유기체적 견해, 공동체적 견해, 개인주의적 견해 등
 - 유기체적 견해: 공동체를 이루고 있는 개인들의 사적인 이익을 초월하는 이상적
   인 공익이 존재한다고 봄
 - 공동체적 견해: 공동체 구성원 모두가 공통적으로 가지고 있는 관심사로 이루어
   진 단일한 공익이 존재한다고 봄
 - 개인주의적 견해: 단일한 공익이란 존재하지 않으며 서로 다른 관심사와 이익을
   갖는 다수가 존재한다고 봄

(4) 정치적 성격

① 사회복지정책의 결정과정은 사회복지문제를 둘러싼 사회세력들 간 타협의 산물이
라는 점에서 정치적 성격이 강함
② 사회복지정책의 결정에는 규범성이 강조되면서 동시에 정치적 성격이 반영됨

(5) 거시적 시각

① 정책결정은 정책대안들의 우선순위를 매길 때 거시적 시각을 필요로 함
② 사회복지정책을 결정할 때 해당 사회복지문제의 해결만을 고려하는 것이 아니라
사회전체적인 입장에서 거시적 조망이 필요함

01) 사회복지정책의 대안을 개발할 때, 활용할 수 있는 방법을 모두 고른 것은?

ㄱ 과거의 정책을 검토한다.   ㄴ 해외 정책사례를 검토한다.

ㄷ 사회과학적 지식을 활용한다.   ㄹ 직관적 방법을 활용한다.

---

① ㄱ   ② ㄴ, ㄷ   ③ ㄷ, ㄹ

④ ㄱ, ㄴ, ㄹ   ⑤ ㄱ, ㄴ, ㄷ, ㄹ

☞ 해설: 직관적 방법은 정책대안에 관한 선례나 전문지식 및 상황에 대한 정보가 부족할 때 사용하는 방법이다.

정답 ⑤

02) 사회복지정책 아젠다 형성과정에 대한 설명으로 옳지 않은 것은?

(10회 기출)

① 정책 아젠다 형성에 관한 동원모형은 선진국에서 주로 적용할 수 있다.
② 아젠다 형성과정은 정치적 성격이 강하다.
③ 이슈나 문제가 공공정책으로 전환되는 과정을 의미한다.
④ 클라이언트도 사회복지 아젠다 형성에 참여할 수 있다.
⑤ 사회복지문제가 이슈화되어도 모두 정책이 되는 것은 아니다.

☞ 해설: 동원모형은 정부내부에서 먼저 이슈를 생성, 정책의제(아젠다)로 설정한 다음, 국민들의 지지를 얻기 위해 공중의제로 확산시키는 모형으로 민간부문이 취약한 후진국 정치체제에서 많이 나타나고 있다.

정답 ①

<h1 style="text-align:center">제10장</h1>

|

<h1 style="text-align:center">사회복지정책의 결정모형, 집행 및 평가</h1>

1. 정책결정의 이론모형

1) 합리모형(고도의 합리성) ★★★

(1) 합리모형의 의의

① 인간은 이성과 고도의 합리성에 따라 행동하고 결정한다고 가정함

② 정책의 결정자나 정책분석가는 고도의 합리성을 가지고 있음

③ 주어진 상황에서 목표달성을 극대화할 수 있는 최선의 정책대안을 찾아낼 수 있음

(2) 합리모형의 주요개념

① 인간의 이성과 합리성

    – 인간관은 합리적 인간관, 정책결정에 관하여 인간이 이성적 · 합리적이라 가정함

    – 정책결정자는 여러 정책대안들 중에서 최선의 대안을 선택한다고 봄

② 주어진 목표와 상황

    – 주어진 상황 속에서 목표를 해결하기 위해 최선의 대안을 찾을 수 있다고 가정함

    – 주어진 목표는 명백하게 규정될 수 있고 상황 역시 뚜렷하다고 봄

③ 인간의 능력에 대한 신뢰: 인간의 지적 능력이나 판단력 등을 전제하고 있음

④ 대안의 비교기준:

  – 정책대안들을 비교 · 평가하는 판단기준이 명백하게 존재한다고 가정함

  – 각각의 대안이 가져올 결과에 대해서도 완전하게 알 수 있다고 가정함

⑤ 최선의 정책대안: 합리적인 정책결정자, 최선의 정책대안 도출과 함께 합리적으로 정책을 결정한다고 함

(3) 합리모형의 평가

인간이 합리성을 가진 점은 인정되나 정책결정자의 현실적 주관적인 가치판단기준, 정보의 비대칭성 등으로 인해 객관성이 결여되기 때문에 현실적용에 한계가 있음

2) 만족모형(제한된 합리성) ★★

(1) 만족모형의 의의

① 사이몬(Simon)과 마치(March), 제한된 합리성에 기초함

② 합리모형의 현실적 제약점을 극복하기 위해 제시된 이론임

③ 인간은 여러 가지 제한조건으로 완전한 합리성을 지닐 수 없다고 봄

④ 의사결정자는 과거의 경험, 관습적 대안들을 토대로 만족할 만한 해결책을 모색함

(2) 만족모형의 주요개념

① 제한된 합리성

  – 인간이 합리적이긴 하지만 완전한 합리성을 가질 수 없다고 봄

  – 정책결정자는 정책목표나 정책상황을 간소화시켜 인지할 수밖에 없음

② 정책목표 및 기준의 불확실성

  – 정책목표가 항상 명백하다고 보지는 않음

  – 정책대안의 우선순위를 평가할 수 있는 기준 역시 명백하지는 않다고 봄

③ 제한된 대안의 탐색

  – 정책결정과정에서 모든 대안이 다 고려되지 않고 고려될 수 도 없다고 봄

  – 정책대안의 탐색과정에서도 유력해 보이는 몇 개의 대안만 우선적으로 검토함

(3) 만족스러운 대안의 선택

정책결정자는 만족할 만한 대안을 찾으면 그 대안을 선택함으로써 대안의 선택이 중단되고 정책결정이 이루어진다고 봄

(4) 만족모형의 평가

① 지나치게 주관적이어서 만족의 정도를 결정짓는 객관적 기준이 없고 대안이 보수적인 성격을 띠고 있음
② 환경이 급변하는 상황에서는 적용하기 어렵고 조직의 정책결정에 이를 그대로 적용하기도 어려움

3) 점증모형(정치적 합리성) ★★

(1) 점증모형의 의의

① 린드블롬(Lindblom), 정책결정자의 능력에는 한계가 있다고 전제함
② 기존의 정책이나 결정을 인정하고 그보다 향상된 대안에 대해서만 부분적 순차적으로 탐색하여 의사를 결정하는 현실적 실증적 접근모형임

(2) 점증모형의 주요개념

① 정보수집과 처리에 대한 인간의 제한된 능력과 현실적인 제한점을 고려하여 최선의 합의를 이끌어 내는 것도 어렵다고 가정함
② 기존의 실천을 정치적 합리성에 근거하여 조금씩 변경해나가는 방법을 사용, 현재의 상황에서 가장 저항을 적게 받고 문제를 해결할 수 있음

(3) 점증모형의 평가

합리모형을 거부하고, 현상 유지적인 문제해결 방법에 지나지 않아 보수적이며, 급속한 환경변화에 대응할 수 없다는 비판을 받고 있음

4) 혼합모형(합리모형+점증모형) ★★★

(1) 혼합모형의 의의

① 에치오니(A. Etzioni), 합리모형과 점증모형의 한계점을 보완하기 위한 방법이라 주장함

② 종합적 합리성을 바탕으로 큰 범위에서의 기본적인 결정은 합리적으로 결정함

③ 세부적인 결정은 기본적 결정을 보완 수정하여 점증적으로 이루어진다고 주장함

(2) 혼합모형의 주요개념

① 정책결정은 합리성뿐만 아니라 비합리성도 작용하여 이루어지고 있음

② 정책결정의 범위에 따라 종합적인 합리성이라고 부름

(3) 혼합모형의 평가

① 양이론의 단점을 보완하고 장점을 수정하는 점은 인정되나 정책의 범위에 따라서는 합리모형의 이상주의와 점증모형의 보수주의 성향을 띠지 않는 경우도 있음

② 결국 정책결정특성에 따라 상이한 정책과정 및 혼합비율이 요구된다는 제한점이 있음

5) 최적모형(경제적 합리성+초합리성) ★★★

(1) 최적모형의 의의

① 드로(Dror), 점증모형과 만족모형의 보수성에 불만을 갖고 주장한 이론임

② 정책결정을 체계론적 시각에서 파악하고 정책성과를 최적화하려는 모형임

(2) 최적모형의 주요개념

① 정책성과를 최적화한다는 것은 결정과정에 투입보다 산출이 커야함을 의미함

② 정책결정에 소요되는 비용보다는 효과가 높아야 한다는 것을 전제함

③ 선례가 없는 결정을 해야 하는 경우 경제적 합리성과 직관, 판단 등 초 합리성도 고려함

④ 정책과정이 계속 환류되면서 최적의 정책대안이 도출된다고 봄

(3) 최적모형의 평가

정책결정에서 최적의 의미가 불분명해지고, 초 합리성의 이용방법이나 합리성과의 관계가 모호하다는 제한점이 있음

6) 쓰레기통모형 ★★★

(1) 쓰레기통모형의 의의

① 코헨 · 올슨 · 킹돈 등, 정책결정은 합리성이나 협상, 타협 등을 통해 반드시 이루어진다고 보지는 않음

② 조직화된 무정부상태(혼란상태)속에서 나타나는 몇 가지 흐름에 의해 우연히 이루어짐

③ 의사결정의 기회에 해결책, 참여자, 문제점 등 요인이 합류되는 시점에서 의사결정이 됨

④ 합류의 시점은 의도적인 특성보다는 운 · 타이밍 · 우연 · 기회의 중요성 등도 강조한 모형임

(2) 쓰레기통모형의 주요개념

① 기본요소

  - 문제점: 사회적 이슈로 부각되어 해결을 요하는 정책

  - 해결책: 사회적 쟁점으로 부각된 문제를 해결할 수 있는 정책대안

  - 참여자: 의사결정과정에 참여하는 사람들

  - 결정기회: 정책결정자가 의사결정을 할 수 있는 기회의 선택

② 복잡하고 혼란한 상황에서 조직이 어떠한 의사결정형태를 나타내는가에 연구초점을 둠

③ 복합적이고 급변하는 상황 속에서 의사결정을 설명하는 데 가장 적합함

(3) 쓰레기통모형의 평가

조직화된 혼란 상태는 모든 조직에서 나타나는 현상은 아니기 때문에 일부의 조직 또는 일시적으로 나타나는 혼란 상태에서의 의사결정형태를 설명하는 데 국한된다고 할 수 있음

2. 정책의 집행

1) 정책집행의 의미
① 의도된 정책목표를 달성하기 위하여 결정된 사항들을 구체화시키는 활동임
② 사회복지정책의 목표를 달성하기 위한 기술적 과정인 동시에 정치적 과정임

2) 정책집행의 중요성
① 정책의도를 구현하는 활동, 정책결정의 수정과 보완과정으로서 활용됨
② 정치적 갈등과 타협이 현실화되는 과정임

3) 사회복지정책 집행의 특징
① 사회복지사업은 정치적 성격이 강하여 재분배 목적에 대한 정치적 반대가 심할 수 있음
② 재분배 정책은 반대 집단의 압력, 로비 등으로 원래의 목표를 변절시킬 수도 있음
③ 대상에 속하는 사회적 약자들이 정책의 결정 및 집행과정에 소외될 우려가 있음

4) 사회복지정책 집행에 영향을 미치는 요인 ★★
(1) 정책의 내재적 요인
① 정책목표의 타당성: 사회복지의 문제를 정확히 파악하여 정책목표를 세웠는가?
② 정책목표의 구체성: 정책목표가 측정할 수 있을 정도로 뚜렷하고 구체적인가?

(2) 정책수단 및 절차의 확보와 관련된 변수
① 재원의 확보가 분명한가?
② 서비스의 전달체계가 명확하고 활성화되어 있는가?
③ 서비스 전달방법이 명확하게 규정되어 있는가?

(3) 정책의 형태적 요인
정책자체의 규정과는 관련이 없는 변수로서 실제 정책의 형성이나 집행에 관여하는

정책참여자들의 정치 형태와 관련된 변수들을 말함

3. 정책의 평가

1) 정책평가의 의의
(1) 협의의 평가
정책집행의 결과에 대한 평가로 정책실시 이후에 이루어지는 평가로 정책이 원래 하고자 했던 문제를 얼마나 해결했는지를 평가하는 것을 말함

(2) 광의의 평가
정책과정 전반에 대한 평가활동, 즉 정책 활동이 시작되면서부터 정책이 종결된 이후의 모든 활동을 평가하는 것을 말함

(3) 정책평가의 목적 및 필요성 ★★
① 정책의 집행 및 감독에 있어 정보를 제공, 정책의 정당성 근거 확보
② 정책의 이론 형성, 자료나 연구의 기반 마련, 정책의 성과 홍보수단
③ 정책의 자원에 대한 합리성 파악, 기존 정책의 개선에 필요한 정보 제공
④ 문제해결을 위한 정책결정에 필요한 정보제공, 의도대로 집행되었는지 파악 등

2) 정책평가의 기준 ★★★
(1) 효과성
① 정해진 목표를 얼마나 달성했느냐에 대해 평가하는 것
② 자원의 투입에 상관없이 최대의 목표를 달성했는가에 대해 판단하는 것

(2) 효율성(능률성)
① 투입에 대한 산출의 비율, 경제적 가치로 환산하여 평가하는 것
② 최소의 비용으로 최대의 효과, 제한된 자원으로 정책목표를 최대로 성취하는 것

(3) 형평성(공평성)

① 효과나 노력이 얼마나 공평하고 공정하게 배분되는지를 평가하는 것
② 소외계층에 대해 서비스를 제공함으로써 사회적 공평성 · 공정성을 기하는 것

(4) 적절성

문제를 해결하기 위해 사용된 수단이나 방법들이 바람직하게 이루어졌는지를 평가하는 것

(5) 대응성

정책이 수혜자 집단의 욕구, 선호, 가치를 충족시키는 정도를 평가하는 것

3) 정책평가의 유형 ★★

(1) 총괄평가(영향평가)

① 정책의 집행 후 정책이 사회에 미친 영향을 추정하는 판단활동
② 정책영향평가라고도 하며, 일반적으로 양적평가에 해당됨
③ 정책효과만이 아니라 부수적인 효과까지 포함하여 확인하는 사실 판단적 활동

(2) 과정평가(형성평가)

① 정책의 집행과정에서 나타난 활동을 분석하여 평가하는 방법
② 형성평가라고도 하며, 일반적으로 질적평가에 해당됨

※ 커버리지(coverage)와 바이어스(bias)

- 커버리지(coverage): 어떤 정책프로그램에 대한 대상집단의 참여가 실제로 얼마나 이루지고 있는가 하는 정도, 즉 충족도를 의미함
- 바이어스(bias): 어떤 정책목표 대상 집단들의 참여가 다를 수 있다는 것을 의미함, 즉 다른 집단의 참여정도를 나타냄

---

01) 사회복지정책 평가가 필요한 이유를 모두 고른 것은?　　　　　　**(17회 기출)**

> ⊙ 문제해결을 위한 정책결정에 필요한 정보를 얻기 위해
>
> ⓒ 기존 정책의 개선에 필요한 정보를 얻기 위해
>
> ⓒ 정책의 정당성 근거를 확보하기 위해
>
> ⓔ 정책평가는 사회복지정책이론 형성에 기여함

① ㉠, ㉡, ㉢

② ㉠, ㉡, ㉣

③ ㉠, ㉢, ㉣

④ ㉡, ㉢, ㉣

⑤ ㉠, ㉡, ㉢, ㉣

☞ 해설: 정책평가의 목적 및 필요성 참조

• 정책의 집행 및 감독에 있어 정보를 제공, 정책의 정당성 근거 확보

• 정책의 이론 형성, 자료나 연구의 기반 마련, 정책의 성과 홍보수단

• 정책의 자원에 대한 합리성 파악, 기존 정책의 개선에 필요한 정보 제공

• 문제해결을 위한 정책결정에 필요한 정보제공, 의도대로 집행되었는지 파악 등

정답 ⑤

02) 정책결정 이론모형에 관한 설명으로 옳지 않은 것은? (16회 기출)

① 합리모형: 인간의 이성과 합리성을 전제로 최선의 정책대안을 찾을 수 있다고 가정한다.

② 혼합모형: 조직화된 무정부 상태 속에서 정책이 우연히 결정된다고 가정한다.

③ 최적모형: 체계론적 시각에서 정책성과를 최적화하려는 정책결정 모형이다.

④ 만족모형: 사람은 자신의 제한된 능력과 환경적 제약으로 모든 대안이 초래할 결과를 완전히 예측할 수는 없다.

⑤ 점증모형: 과거의 정책을 약간 수정한 정책결정이 이루어지고, 여론의 반응에 따라 정책수정을 반복한다.

☞ 해설: 정책결정의 이론모형 참조

- **쓰레기통 모형**: 코헨·올슨·킹돈 등 주창, 정책결정은 합리성이나 협상, 타협 등을 통해 반드시 이루어진다고 보지는 않으며, 조직화된 무정부상태(혼란상태)속에서 나타나는 몇 가지 흐름에 의해 우연히 이루어진다.
- **혼합모형**: 에치오니(A. Etzioni) 주창, 합리모형과 점증모형의 한계점을 보완하기 위한 방법으로 종합적 합리성을 바탕으로 큰 범위에서의 기본적인 결정은 합리적으로 결정하고, 세부적인 결정은 기본적 결정을 보완 수정하여 점증적으로 이루어진다고 주장한다.

정답 ②

제11장
|
사회복지정책의 분석틀
(할당, 급여체계)

1. 사회복지정책의 분석유형 및 분석틀

1) 사회복지정책의 분석유형 ★★

(1) 과정(Process)분석: 사회복지정책의 형성과정 분석

① 정책이 왜, 어떻게 만들어졌는가? 즉 정책형성과정과 연관된 분석을 함

② 자료의 투입, 정부와 사회 내의 다양한 집단과의 관계와 상호작용이 정책형성에 어떻게 영향을 미치는가에 관심을 둠

③ 과정분석을 통하여 사회복지정책 형성에 영향을 주는 사회적, 정치적, 경제적 배경요인 등을 파악할 수 있으나 연구자의 가치가 개입될 소지가 있음

④ 정책결정과 관련된 정치적, 기술적 투입을 파악하는 사례연구의 형태를 띠게 됨

(2) 산출(Product)분석: 사회복지정책의 내용 분석

① 정책형성과정을 통해 선택된 산물인 정책의 내용을 분석함

② 선택에 초점, 과정을 통해 선택된 정책의 내용을 특정기준, 분석틀을 통해 분석함

③ 길버트&스펙트: 산출분석틀 개발, 4가지 선택차원(할당, 급여, 전달, 재원)을 고려함

(3) 성과(Performance)분석: 사회복지정책의 결과나 내용분석

① 프로그램이 어떻게 잘 수행되었는가? 정책을 수행한 결과인 성과 및 영향 등을 분석함

② 과정분석 · 산출분석에 비해 분석대상이 명확함, 보다 객관적 구조적인 분석이 가능함

2) 사회복지정책의 분석틀 – 길버트(Gilbert)와 스펙트(Specht), 테렐(Terrell) ★★★

(1) 할당체계: 수급대상(자격)

누가 급여를 받는가?, 즉 누가 급여를 받고, 받을 자격이 있는지의 기준에 관한 것임

(2) 급여체계: 급여종류

무엇을 급여하는가?, 즉 할당되는 사회적 급여의 형태에 관한 것임

(3) 전달체계: 전달방법

어떤 방법으로 급여를 전달하는가?, 즉 급여를 전달하기 위한 전략에 관한 것임

(4) 재정체계: 재원확보

어떻게 재원을 조달하는가?, 즉 급여에 필요한 재정을 확보하는 방법에 관한 것임

2. 사회복지정책의 할당체계(대상체계)

1) 보편주의와 선별주의 ★★★

(1) 보편주의

① 전 국민을 사회복지급여의 대상으로 함, 기본적 권리로서 사회복지서비스를 이용함

② 장점: 사회적 통합효과의 증대, 낙인감의 해소, 운영효율성이 높음

③ 단점: 경제적 효율성 및 비용효과성이 낮음, 목표(대상)효율성이 낮음

④ 보편주의자들의 관점
  - 정부는 사회적 위험을 다루기 위해 적절한 역할을 수행하여야 한다고 봄
  - 사회복지정책은 모든 구성원들이 겪는 일상적인 문제에 대해 적절하게 대응하
    는 것임
  - 사회효과성의 가치 중시, 사회통합에 토대를 둔 사회프로그램이 정치적으로 유
    리함

(2) 선별주의(선택주의)

① 급여대상자들을 사회적 · 신체적 · 교육적 기준 등에 따라 구분하여 복지서비스를
   제공함
② 자산조사 실시 등 행정과정 복잡, 수혜조건에 대한 조사과정이 수반됨
③ 장점: 자원낭비의 감소, 목표(대상)효율성이 높음, 경제적 효율성이 높음
④ 단점: 낙인감(stigma)의 발생, 도덕적 해이 현상 초래, 사회적 효과성과 운영효율
   성이 낮음

2) 대상자 선정기준 ★★★

(1) 귀속적 욕구

① 인구학적 기준만으로 급여지급, 사회수당 또는 데모그란트(Demogrant)라고도 함
   예) 노령수당, 아동수당(가족수당), 국민보건서비스(영국) 등
   ※ 인구학적 기준: 출생, 사망, 결혼, 연령 등
② 수직적 재분배 효과는 낮으나 수평적 재분배 효과가 높음, 사회적 통합효과가 큼
③ 인구학적 조건과 더불어 다른 조건(소득, 재산 등)이 주어지는 경우
   예) 우리나라의 기초연금

(2) 기여조건

① 사회보험의 가입대상자로서 요건, 일정 보험료를 납부한 사람을 대상으로 하는
   경우
   예) 공적연금, 건강보험, 산업재해보상보험, 고용보험, 노인장기요양보험 등

② 국가를 위해 순직하거나 부상당한 군인이나 경찰, 독립운동 유공자 등 사회에 특별한 공헌을 한 사람 및 그 유가족에게 급여자격이 주어지는 경우

(3) 등급분류
① 신체, 정신적 손상을 입은 사람과 같이 특정 재화와 서비스가 필요한 개인을 대상
② 자격조건으로 기능별 전문가의 진단적 판단, 행정관료의 판단이 추가로 필요한 경우
예) 장애인연금, 장애수당

(4) 자산조사
① 기본적 욕구를 충족할 수 없는 사람들, 자산조사 등을 통해 급여자격을 부여함
② 선별주의 원칙에 부합, 공공부조프로그램의 자격을 결정하는 가장 중요한 기준임
③ 수직적 재분배 효과 매우 높음, 수급여부는 개인의 경제적 여건에 좌우됨
④ 자산조사는 국가나 프로그램에 따라 다양한 방법 적용, 단, 방법별 문제점이 발생함
- 소득범위: 소득조사를 할 때 어떤 것들을 소득에 포함시키느냐, 즉 근로소득과 자본소득 중 어디에 초점을 두느냐하는 소득의 범위문제
- 자산유형: 일반적으로 사람들의 경제적 능력을 판단하는 방법으로 재산, 소득, 소비 중 어느 것에 초점을 맞추느냐의 문제
예) 국민기초생활보장제도, 의료급여제도, 기초연금, 장애인연금, 긴급복지지원제도 등

3. 사회복지정책의 급여체계

1) 현물급여 ★★★
(1) 현물급여의 의의
수급자에게 필요한 물품과 서비스를 직접 급여로 제공하는 형태임

예) 의료서비스, 교육서비스 등

(2) 현물급여의 장점
① 수급자들의 소비를 통제할 수 있어 정책의 목표효율성을 높일 수 있음
② 급여제공의 본래 목적대로 대상자에게 직접 전달될 수 있어 정치적으로 선호함
③ 규모의 경제를 이룰 수 있어 구입단가를 낮추어 급여를 값싸게 제공할 수 있음

(3) 현물급여의 단점
① 급여를 받는 사람의 선택권을 제약하며, 낙인(stigma)이 가해짐
② 물품의 구입 · 운반 · 관리 · 보관 등에 행정비용이 많이 소요됨

2) 현금급여 ★★★
(1) 현금급여의 의의
① 수급자가 필요한 재화나 서비스를 직접 시장에서 구입할 수 있도록 화폐형태로 지급함
② 사회보험프로그램과 공공부조프로그램을 통해 개인과 가족에게 직접 제공되는 자금임
③ 개인의 자기결정권, 개인적 선택권을 강조함
  예) 기초수급자의 생계급여, 주거급여 등

(2) 현금급여의 장점
① 행정과 관련된 비용을 절약할 수 있어 운영의 측면에서 효율적임
② 낙인이 없거나 적으며, 언제 어디서나 편리하게 사용할 수 있음
③ 소득의 부족으로 겪는 빈곤을 완화하기 위한 효율적인 수단임
④ 소비자 주권의 측면에서 개인적인 효용성이 매우 높은 편임

(3) 현금급여의 단점
① 원래의 목적이 아닌 용도 즉, 남용이나 오용의 문제가 발생할 수 있음

② 현금을 소비하는 시점에서 통제할 수 없어 사회적 효용이 낮아질 수 있음

3) 증서(Voucher) ★★★

(1) 증서(바우처)의 의의

① 정해진 용도 내에서 재화 · 서비스를 자유롭게 선택할 수 있는 일종의 이용권임
② 현금급여와 현물급여의 중간적 형태로 두 급여의 장점을 절충하기 위한 급여임
　예) 식료품권(food stamp), 교육증서, 산모 및 신생아 · 아동 · 장애인 대상 바우
　　처 등

(2) 증서(바우처)의 장점

① 소비자의 선택권을 보장하기도 하면서 어느 정도 사회적 통제를 할 수 있음
② 재화나 서비스의 공급자들 간 경쟁을 유발하여 질을 향상시킬 수 있음
③ 현물급여보다 소비자의 선택권에서 유리하며, 관리운영 비용이 적게 소요됨
④ 현물급여와 비슷한 효과의 발생, 정치적으로 선호될 수 있음

(3) 증서(바우처)의 단점

① 현금할인 등 사용자의 오 · 남용의 문제를 완전히 해결하지는 못함
② 서비스공급자가 특정 소비자를 선호하거나 증서의 회피현상이 발생할 수 있음

4) 사회서비스(Social Service) ★★

(1) 사회서비스의 의의

서비스로 제공되는 급여를 말하며, 개인상담 · 직업훈련 · 사례관리 · 보육서비스 등

(2) 사회서비스의 장점 및 단점

① 장점: 클라이언트의 욕구에 개별적으로 대응할 수 있다는 점 등
② 단점: 그 자체가 즉각적인 시장가치를 부여할 수 없다는 점 등

※ **사회서비스 전자바우처제도(2007년 도입)**
- 수요자 중심의 직접 지원방식으로 공급기관의 허위, 부당청구 등 도덕적 해이를 최소화할 수 있음
- 실시현황: 노인돌봄서비스, 장애인지원사업, 지역자율형 사회서비스 투자사업, 장애아동지원사업 등

5) 기회(Opportunity) ★★

(1) 기회의 의미

① 사회적으로 취약한 위치에 있는 집단이나 불평등한 처우를 받는 집단에게 유리한 기회를 제공하는 무형의 급여형태임

② 기회의 사례
- 농어촌지역 학생, 장애인의 자녀, 기초수급자 자녀의 대학 특례입학 등
- 공공기관이나 대기업에 장애인, 고령층, 여성에 대한 고용할당 등

(2) 기회의 특징

① 부정적인 의미의 차별과 구별, 긍정적 차별 또는 차별시정조치라고 할 수 있음

② 긍정적 차별은 기회라는 형태의 급여를 통해 부정적 차별을 보상함

③ 오·남용의 가능성이 없는 급여, 결과의 평등을 보장하지는 않음

6) 권력(Power) ★★

(1) 권력의 의의

① 재화나 자원을 통제할 수 있는 영향력을 재분배하는 것을 의미함

② 관련 의사결정기구에 특정 집단의 대표자 등이 참여하는 방법 등

   예) 건강보험, 국민연금 가입자 대표의 의사결정기구 참여, 사회보장위원회에 기초생활수급자대표의 참여 등

(2) 권력의 특징

① 정책을 결정하는 과정에 수급자들의 대표가 참여하여 그들의 입장을 반영함

② 지역사회조직사업을 통한 권력부여 등이 이루어질 수 있음

　예) 장애인콜택시사업을 장애인단체 등에 위탁운영함

③ 형식적인 참여로 기득권자의 합리화수단으로 이용된다는 비난을 받기도 함

〈 사회복지정책의 4가지 분석틀 〉

선택차원	의미	선택의 대안
할당	수급자격(대상체계)	• 귀속적 욕구 • 사회적 공헌/사회적으로 부당하게 당한 손실에 대한 보상 • 전문가 판단에 의한 진단적 차별 • 개인, 가족의 자산상태에 따른 욕구
급여	급여종류(급여체계)	• 현금, 사회서비스, 물품, 증서, 기회, 권력 등
재정	재원확보(재정체계)	• 공공재원(사회보험료, 조세) • 민간재원(사용자 부담, 민간모금 등) • 공공 및 민간재원의 혼합
전달	전달방법(전달체계)	• 중앙집권 또는 지방분권/ 복수 또는 단수서비스 • 공공행정가 또는 민간행정가

01) 사회복지급여의 하나인 증서(voucher)에 관한 설명으로 옳지 않은 것은?

(16회 기출)

① 현금급여에 비해 목표달성에 효과적이다.

② 현물급여에 비해 소비자의 선택권이 낮다.

③ 현물급여에 비해 공급자간 경쟁을 유도하는 데 유리하다.

④ 공급자가 소비자를 자의적으로 선택하는 현상이 발생할 수 있다.

⑤ 현물급여에 비해 서비스에 대한 충분한 정보접근이 이루어져야 한다.

☞ 해설: 증서(voucher)는 정해진 용도 내에서 재화·서비스를 자유롭게 선택할 수 있는 일종의 이용권으로 현금급여와 현물급여의 중간적 형태로 두 급여의 장점을 절충하기 위한 급여이다.

• 증서(voucher)의 장점
  – 소비자의 선택권을 보장하기도 하면서 어느 정도 사회적 통제를 할 수 있음
  – 재화나 서비스의 공급자들 간 경쟁을 유발하여 질을 향상시킬 수 있음
  – 현물급여보다 소비자의 선택권에서 유리하며, 관리운영 비용이 적게 소요됨

정답 ②

02) 선별주의 정책과 보편주의 정책의 특징을 옳게 연결한 것은? (13회 기출)

① 선별주의 – 모든 국민 대상

② 선별주의 – 간편한 행정업무

③ 보편주의 – 빈곤이 덫 유발

④ 보편주의 – 사회적 통합효과

⑤ 보편주의 – 사회적 낙인 유발

☞ 해설: 선별주의와 보편주의 참조

• <u>보편주의</u>: 사회복지급여는 사회적 권리로서 모든 국민에게 주어져야 한다는 원리

로 사회적 통합효과가 크다.

• 선별주의: 빈곤함정(빈곤의 덫) 및 낙인감(stigma)의 발생, 도덕적 해이 현상 초래, 사회적 효과성과 운영효율성이 낮다는 단점이 있다.

정답 ④

제12장
|
사회복지정책의 분석틀
(재정, 전달체계)

1. 사회복지정책의 재정체계

1) 재원의 개념 및 종류

(1) 재원의 의미

① 재원은 정책을 집행하는데 쓰이는 재정자원을 말함

② 재원을 얼마나 확보할 수 있는가가 정책의 내용에 크게 영향을 미침

③ 경제성장의 둔화로 재원마련의 문제가 그 어느 때보다도 중요해지고 있음

(2) 재원의 종류

① 공공부문 재원: 일반세, 목적세인 사회보장성 조세, 조세지출(조세비용) 등

② 민간부문 재원: 서비스이용료, 자발적인 기부, 기업복지, 비공식부문의 이전재
   원 등

> ※ 복지다원주의에서는 다양한 재원을 혼합하여 사용하는 프로그램이 점차 증
> 가함

2) 공공재원 ★★★

(1) 일반조세

① 다른 재원에 비해 사회복지정책이 추구하는 목표인 평등·소득재분배 정책에 용이함

② 강제적으로 부과되어 다른 재원에 비해 안정성과 지속성을 확보할 수 있음

③ 사용목적에 따라 일반세와 목적세로 구분

  - 일반세: 소득세·소비세·재산세 등

  - 목적세: 교육세, 농어촌특별세, 도시계획세 등

④ 과세 주체별로 보면 국세와 지방세로 구분

  - 국세: 법인세, 소득세, 부가가치세, 양도소득세, 상속세 등

  - 지방세: 재산세, 취득세, 자동차세, 주민세 등

⑤ 납세의무자와 담세자의 일치성 여부에 따라 직접세와 간접세로 구분

  - 직접세: 소득세, 법인세, 주민세 등

  - 간접세: 부가가치세, 특별소비세 등

(2) 사회보험료(사회보장성 조세)

① 의의

  - 사회보험을 위한 사용자, 근로자, 자영업자가 부담하는 보험료

  - 공공부문의 재원으로 분류하는 이유: 국가에 의하여 강제로 부과 관리·운영

  - 사회보험료는 근로자, 사용자, 자영업자가 실질적인 보험료의 주체가 됨

② 유용성

  - 강제가입을 통해서 '역 선택'의 문제점을 해결할 수 있고, 위험분산이나 규모의 경제 등 보험의 재정안정에 유리함

  - 사회보험료는 사회보장급여에 대한 권리를 갖는 것으로 조세저항이 상대적으로 적기 때문에 정치적인 측면에서 유리함

  - 사회보험료는 사용되는 용도가 비교적 명확하기 때문에 상대적으로 거부감이 적음

③ 역진성
　　- 사회보험료는 모든 근로소득에 동률로 부과하나 자산소득(이자, 임대료, 주식배
　　　당금 등)에는 추가로 보험료가 부과되지 않기 때문에 자산소득이 많은 고소득층
　　　이 저소득층에 비해 부담이 상대적으로 적음
　　- 사회보험료에는 보험료 부과의 기준이 되는 소득의 상한액(ceiling)이 있어 고
　　　소득층이 상대적으로 유리함
　　- 개인소득세는 다양한 조세감면제도를 통하여 저소득층, 특히 저임금 근로자들
　　　의 부담을 줄여 줄 수 있으나, 사회보험료는 모든 근로소득에 부과하기 때문에
　　　저소득층의 부담이 상대적으로 큼

(3) 조세비용(조세지출)
① 특정 집단에 조세를 감면 · 공제 · 면제 · 환불하여 주는 제도임
② 수혜자는 정부로부터 지원을 받는 형태가 되며, 구매력을 증가시키는 효과가 발
　　생함
③ 정부의 입장에서는 조세비용만큼 세수가 감소하고 그만큼 정부지출이 감소함
　　예) 조세의 면제 · 감면, 인적 공제, 근로소득 공제, 세액공제 등
④ 조세비용의 한계
　　- 저소득층은 과세대상에서 제외되는 경우 혜택을 받지 못하므로 소득역진성이
　　　강함
　　- 소득이 높을수록 조세감면의 액수가 커짐, 고소득층에 유리함

3) 민간재원 ★★
(1) 민간재원의 구분
① 공식적 부문: 자발적 기여, 사용자 부담, 기업복지 등
② 비공식적 부문 : 가족, 친척, 이웃, 민간자선단체의 이전 재원 등

(2) 민간재원의 중요성
① 최근 복지국가 위기이후 정부재정의 압박으로 민영화를 강조함

② 민간부문의 재원이 매우 중요한 역할을 하고 있음

(3) 민간재원조달의 장점
① 민간재원 사용처에 대한 구체적인 정보를 알려줌으로써 재원조달을 유인할 수 있음
② 지역사회환경 변화에 따른 지역주민의 복지욕구에 민감하게 적응할 수 있음
③ 지역주민의 새로운 욕구를 해결하는데 공공재원보다 쉽게 재원조달이 가능함

(4) 민간재원조달의 단점
① 경제사회적 환경변화에 따라 변동이 매우 심함
② 민간재원의 사용은 오 · 남용의 문제가 발생할 수 있음

2. 사회복지정책의 전달체계

1) 중앙정부 전달체계 ★★★

(1) 중앙정부의 필요성
① 사회복지재화나 서비스 가운데 의료나 교육서비스와 같은 것은 그 속성상 공공재적인 성격이 강하여 모든 국민들을 대상으로 하는 것이 전체사회 이득의 관점에서 유리한데, 현실적으로 이것은 중앙정부만이 할 수 있음
② 어떤 재화는 대상이 되는 사람이 많을수록 기술적인 측면에서 유리하며, 그 예로 사회보험을 들 수 있음
③ 사회복지정책이 추구하는 가장 중요한 목표인 평등(소득 재분배)과 사회적 적절성(형평성)의 두 가치를 구현하는 데 중앙정부가 유리함
   - 중앙정부의 정책에 의해서만 조세의 징수와 급여의 양면에서 모든 국민들의 소득분배형태에 영향을 줄 수 있음
   - 중앙정부의 소득재분배정책에 대해서는 정치적 저항이 적을 수도 있음

④ 중앙정부에 의한 사회복지정책은 다양한 사회복지에 대한 욕구를 체계화하고 다양한 프로그램을 통합·조정하거나 지속적이고 안정적으로 유지하는 데 유리함

(2) 중앙정부의 문제점

① 중앙정부에서 제공하는 서비스나 재화들은 그것들의 공급량이나 형태에 관한 수급자의 선택이 반영되기 어렵기 때문에 효용을 극대화하는데 한계가 있음
② 중앙정부의 서비스나 재화는 공급자가 독점적이기 때문에 경쟁적인 체계에 비하여 가격과 질에 있어 불리할 수도 있음
③ 중앙정부를 통하여 제공되는 재화나 서비스는 정부조직의 관료성으로 인하여 수급자의 욕구에 대한 대응이 빠르지 못하고, 지역의 특수한 욕구에 대응하는데 융통성이 적음

2) 지방자치단체 전달체계 ★★★

(1) 지방정부의 필요성

① 지역주민의 욕구를 중앙정부보다 더 효율적으로 해결할 수 있으며, 지방정부간의 경쟁논리에 의해 질 높은 서비스개발이 용이함
② 실험적인 서비스 개발이 용이하여 수급자들의 변화되는 욕구에 적극적인 대처가 가능하고, 수급자들이 정책결정에 참여할 기회가 많아져 수급자의 입장이 반영될 가능성이 높음

(2) 지방정부의 문제점

지역 간의 불평등을 야기하거나 사회통합을 저해(지방마다 재정자립도의 차이)할 수 있으며, 프로그램의 안정성과 지속성이 취약함

3) 민간부문 전달체계 ★★★

민간전달체계는 대부분 사회복지서비스 부문에 집중되어 있으며, 이 부문도 사회복지공급주체에 따라 다소 상이하긴 하나 대개 정부의 부분적인 재정지원과 행정적인 지도·감독아래 민간은 다양한 형태와 방법으로 전달체계를 수립·운영하고 있음

(1) 민간전달체계의 필요성

① 정부가 제공하는 서비스에서 배제되는 클라이언트에 대한 서비스 제공이 가능할
  뿐만 아니라 정부가 제공할 수 없는 서비스의 제공도 가능함

② 클라이언트에게 다양한 제공주체에 의한 동일한 종류의 서비스를 선택할 수 있는
  기회를 제공함으로써 제공 주체간의 경쟁을 유발하여 서비스를 높일 수 있음

③ 민간에서 발생하는 사회복지적 참여욕구를 수렴할 수 있으며, 정부의 사회복지활
  동에 대한 압력단체로서 역할을 수행할 수 있음

④ 국가의 사회복지비용을 절감시킬 뿐만 아니라 사회복지 서비스의 선도적 개발 및
  보급을 하는 역할을 담당할 수 있음

(2) 민간전달체계의 구조

① 민간사회복지조직은 영리를 목적으로 하지 않는 주민조직과 사회복지법인, 비영
  리사단법인과 재단법인, 종교단체 등이 사회복지사업을 목적으로 운영하는 시설
  과 기관을 말함

② 우리나라의 경우 행정당국의 지도·감독을 크게 받지 않고 독자적으로 운영하는
  민간사회단체나 기타 비영리법인 등에 의해 사회복지서비스가 전달되는 경우는
  적은 편임

(3) 민간전달체계의 기능

① 정부에서 제공하는 서비스를 받지 못하는 비대상자에게 제공할 수 있으며, 정부가
  제공할 수 없는 서비스도 제공할 수 있음

② 동종서비스에 대한 선택의 기회를 제공하고, 사회복지서비스의 선도적 개발과 보
  급을 신속하게 제공할 수 있음

③ 민간의 복지참여에 대한 욕구를 수렴하고 정부의 사회복지비용을 절감시킬 수도
  있음

4) 민관(民官)혼합 전달체계

사회복지재화나 서비스들 가운데 어떤 것들은 정부와 민간부문의 혼합체계를 통하여

제공되기도 하지만 이러한 전달체계는 특히 오늘날의 '복지국가의 위기'의 시대에서 '민영화(民營化)'의 이름하에 강조되고 있는 경향이 있음

정부와 민간부문 혼합체계의 세부적 형태들은 다양한데, 사회복지프로그램의 운영은 민간부문이 맡도록 하되, 정부가 민간부문에 재정적 지원을 하면서 일정한 조건을 붙여 여러 가지 규제를 한다는 점에서는 유사함

(1) 정부와 민간부문과의 계약(위탁운영): 국·공립시설

① 정부와 민간부문의 혼합체계 가운데 대표적인 형태는 정부가 제공할 재화나 서비스를 민간부문이 제공하도록 하는 대신 그것에 소요되는 비용을 정부가 부담하는 형태임

② 정부는 일정한 재원 내에서 특정의 서비스를 지정만 할 뿐, 그 서비스를 받기 위한 자격, 서비스의 형태, 세부적인 전달방법 등에 관한 규제 없이 민간부문이 독자적으로 운영하도록 하는 유형임

(2) 정부의 민간부문 재정보조: 사적 법인·시설 등

① 정부와 민간부문의 혼합체계는 정부가 민간부문 사회복지기관에 단순히 재정보조만 해주고 어떠한 규제도 하지 않는 형태로써 상기의 계약은 최소한 특정서비스를 지정함

② 민간부문의 독립성을 크게 높여 민간부문의 장점들을 부각시킬 수 있으므로 재화의 속성상 국가에 의하여 제공될 필요가 약하다면, 이 형태가 정부와 민간부문의 혼합체계 가운데 바람직한 형태라고 할 수 있음

〈 조세 및 사회보험료 〉

조세	사회보험료
• 누진적이다.	• 역진적이다.
• 소득상한선이 없다.	• 소득상한선이 있어 고소득층에게 유리하다.
• 부담능력을 고려한다.	• 급여가치에 따라 부여한다.
• 소득재분배에 효과적이다.	• 이용자의 급여인상의 욕구를 조절할 수 있다.
• 평등의 가치구현에 효과적이다.	• 자산조사를 필요로 하지 않아 이용자로서의 권리를 부여한다.
• 재정운영에 있어 서비스프로그램 간 상호조정이 가능하다.	• 소득에서원천징수하기 때문에 조세방식에 비해 행정비용이 절감된다.

〈 조세의 누진성과 역진성 〉

• 조세의 누진성(progressive)
  – 경제적 능력이 클수록 세액이 높아지는 것이 아니라, 세율이 높아지는 조세를 의미함
    (예) 소득세 등
• 조세의 역진성(regressive)
  – 경제적 능력이 클수록 세율이 오히려 낮아지는 조세를 의미함 (예) 부가가치세 등

〈 사회복지급여 및 서비스의 전달체계 〉

• 사회보험
  ① 중앙정부(보건복지부, 고용노동부) → 공단(국민연금공단, 건강보험공단, 근로복지공단) → 각 공단지사
    → 고객(클라이언트)
• 공공부조
  ① 중앙정부(보건복지부 등) → 광역자치단체(시 · 도) → 기초자치단체(시 · 군 · 구) → 읍 · 면 · 동 →
    고객(클라이언트)
• 사회서비스:
  ① 중앙정부(보건복지부 등) → 광역자치단체(시 · 도) → 기초자치단체(시 · 군 · 구) → 읍 · 면 · 동 →
    고객(클라이언트)
  ② 사회복지기관(시설) 등 → 고객(클라이언트)

01) 조세와 사회보험료 부과에 관한 설명으로 옳은 것은? (16회 기출)

① 사회보험료는 소득세에 비해 역진적이다.

② 사회보험료에는 조세와 같은 인적공제가 없어 저소득층에게 유리하다.

③ 조세와 달리 소득상한선이 있는 사회보험료는 고소득층에게 불리하다.

④ 조세와 달리 사회보험료는 국가의 반대급부가 특정화되어 있지 않다.

⑤ 조세와 달리 사회보험료는 추정된 부담능력을 고려한다.

☞ 해설: 공공재원(조세와 사회보험료) 참조

• 사회보험료의 역진성: 사회보험료는 모든 근로소득에 동률로 부과하나 자산소득
  (이자, 임대료, 주식배당금 등)에는 추가로 보험료가 부과되지 않기 때문에 자산소
  득이 많은 고소득층이 저소득층에 비해 부담이 상대적으로 적음

• (오답 풀이)

② 사회보험료에는 조세와 같은 인적공제가 없어 저소득층에게 불리하다.

③ 조세와 달리 소득상한선이 있는 사회보험료는 고소득층에게 유리하다.

④ 조세와 달리 사회보험료는 국가의 반대급부가 특정화되어 있다.

⑤ 조세는 추정된 부담능력을 고려하지만 사회보험료는 추정된 부담능력을 고려하
  지 않는다.

정답 ①

02) 우리나라 사회복지전달체계에 관한 설명으로 옳지 않은 것은? (11회 기출)

① 중앙정부는 사회통합이나 평등과 같은 정책목표를 달성하는데 유리하다.

② 중앙정부는 지방정부에 비해 다양한 욕구에 부합하는 사회복지서비스 제공에 유
  리하다.

③ 비영리 사회복지기관은 공공부문과 연계하여 서비스를 제공하기도 한다.

④ 영리기관은 이윤을 목적으로 하며 효율성을 추구한다.

⑤ 최근 서비스 생산 및 전달에 있어 지방정부와 민간기관의 역할이 증대되고 있다.

☞ 해설: (오답 풀이)

② 지방정부는 중앙정부에 비해 주민의 다양한 욕구에 부합하는 사회복지서비스를 신속하게 제공하는 데 유리하다.

정답 ②

제13장
|
사회보장 일반

1. 사회보장

1) 사회보장의 개념 ★★

(1) 일반적인 개념

① 사회보장은 노령 · 장애 · 사망 · 실업 · 산업재해 등 사회적 위험과 결혼, 양육과
  같은 특별 지출로부터 국민들을 보호하기 위해 재정적으로 지원하는 프로그램임

② 사회보장은 사회보험, 공공부조, 사회서비스와 같은 공적 조치들을 의미함

③ 1935년에 제정된 미국의 사회보장법에 기원을 둠

④ 사회보장의 목표: 빈곤예방, 사회통합, 사회적 불평등의 완화, 소득재분배 등

(2) 베버리지보고서의 개념

① 사회보장을 좁은 의미로서의 소득보장을 의미함

② 부상 · 질병 · 실업 · 은퇴 등 소득이 감소되거나 중단되었을 때 소득을 보장함

③ 출생 · 결혼 · 사망 등에 관련된 특수한 지출을 보완하기 위한 소득보장임

(3) 국제노동기구(ILO)의 개념

① 1942년 '사회보장에의 접근' 이란 보고서를 통해 사회보장의 개념을 정의함

② 사회구성원들이 부딪히는 일정한 위험에 대해 사회가 적절한 조직을 통해 부여하는 보장이라고 정의함

③ 전 국민의 최저생활 보장, 공공기관을 통해 모든 위험과 사고에서 국민의 보호와 보장이 이루어져야 함

④ 사회보장 최저기준에 관한 조약(1952)을 통해 국가가 현대 산업사회에서 나타나는 사회적 위험으로부터 시민을 보호하기 위해 사회보장급여를 제공할 것을 권고함

> ※ **사회적 위험**
> 의료 · 질병급여, 실업급여, 노령급여, 고용재해급여, 가족급여, 모성애(출산)급여, 폐질급여, 유족급여 등

2) 사회보장의 기능 ★★

(1) 사회보장의 순기능

① 사회보장은 생존과 관계되는 기초적 욕구를 충족시키는 생존권을 보장함

② 노령 · 질병 · 실업 등에 의한 소득의 급격한 감소를 완화시켜 생활안정을 유지함

(2) 사회보장의 역기능

① 과대한 사회보장은 많은 세금 부과, 세금의 증가는 근로의욕을 감소시킬 우려가 있음

② 사회보장 프로그램 확대는 개인의 저축 감소, 투자자원의 감소로 경제성장을 저해함

3) 사회보장의 목적 ★★

(1) 생존권과 최저생활보장

① 사회보장의 가장 기본적인 기능은 국민들의 생존권을 보장하는데 있음

② 사회보장은 국민최저생활을 확보해 줌으로써 개인 및 가족, 사회의 안정을 도모함

(2) 생활과 경제의 안정

① 사회보장은 불경기에는 실업급여 지급 등에 의한 소득의 감소를 완화시킴

② 사회보장은 호경기에는 실업급여 등 지출을 감소시켜 경기변동의 안정화에 기여함

③ 사회보장은 소득의 재분배를 통해서 유효수요를 증가시켜 불황을 극복하는 기능을 함

(3) 소득 재분배

① 소득재분배란 한 개인이나 집단으로부터 다른 개인 · 집단으로 이전되는 소득을 말함

② 소득재분배: 수직적 재분배, 수평적 재분배, 세대 간 재분배 등

(4) 사회적 연대와 통합

① 사회보장제도의 확립은 사회분열을 예방하여 사회적 연대의식을 함양시킴

② 사회보장제도의 확립은 사회연대성을 증진시켜 사회통합을 도모하는 기능을 함

4) 사회보장 프로그램의 형태 ★

(1) 기여, 비 자산조사 프로그램: 사회보험프로그램

위험에 대한 예방의 차원에서 소득이 있을 때 보험료를 납부하고, 위험이 발생했을 때 급여를 받는 프로그램

(2) 비기여, 자산조사프로그램: 공공부조 프로그램

① 사회보장 프로그램들 중 가장 오래된 유형의 프로그램

② 소득과 재산이 일정기준 이하인 가구 혹은 개인에게 별도의 기여 없이 급여를 지급하여 최저한의 생활을 보장하고자 하는 프로그램

(3) 비기여, 비 자산조사 프로그램: 사회수당(데모그란트) 프로그램

① 가장 보편적인 프로그램으로 국적이나 인구학적 조건만 충족되면 별도의 기여나 자산조사 없이 급여를 지급하는 프로그램
② 재원이 많이 들고 제한된 자원에서는 급여액이 높지 못해 효과에 한계가 있음
　　예) 아동수당, 가족수당, 장애수당, 노령수당 등

5) 사회보장기본법상 사회보장제도의 분류

사회보장이란 출산, 양육, 실업, 노령, 장애, 질병, 빈곤 및 사망 등의 사회적 위험으로부터 모든 국민을 보호하고 국민 삶의 질을 향상시키는 데 필요한 소득·서비스를 보장하는 사회보험, 공공부조, 사회서비스를 말한다(제3조 제1호).

① 사회보험이란 국민에게 발생하는 사회적 위험을 보험방식에 의하여 대처함으로써 국민건강과 소득을 보장하는 제도를 말함
　　예) 국민연금, 건강보험, 고용보험, 산업재해보상보험, 노인장기요양보험
② 공공부조란 국가 및 지방자치단체의 책임하에 생활유지능력이 없거나 생활이 어려운 국민의 최저생활을 보장하고 자립을 지원하는 제도를 말함
　　예) 국민기초생활보장제도, 의료급여제도, 긴급복지지원제도 등
③ 사회서비스란 국가, 지방자치단체 및 민간의 도움을 필요로 하는 모든 국민에게 상담, 재활, 직업소개 및 지도와 사회복지시설이용 등을 제공하여 정상적인 사회생활이 가능하도록 지원하는 제도를 말함
　　예) 아동복지, 노인복지, 장애인복지, 청소년복지 등 대상별 서비스

6) 사회보장기본법상 사회보장의 기본이념

① 사회보장은 모든 국민이 다양한 사회적 위험으로부터 벗어나 행복하고 인간다운 생활을 향유할 수 있도록 자립을 지원함
② 사회보장은 사회참여·자아실현에 필요한 제도와 여건을 조성하여 사회통합과 행복한 복지사회를 실현하도록 함

7) 사회보장기본법상 사회보장정책의 기본방향

(1) 평생사회안전망의 구축 · 운영

① 국가와 지방자치단체는 모든 국민이 생애 동안 삶의 질을 유지 · 증진할 수 있도록 평생사회안전망을 구축하여야 함

② 국가와 지방자치단체는 평생사회안전망을 구축 · 운영함에 있어 사회적 취약계층을 위한 공공부조를 마련하여 최저생활을 보장하여야 함

(2) 사회서비스 보장

① 국가와 지방자치단체는 모든 국민의 인간다운 생활과 자립, 사회참여, 자아실현 등을 지원하여 삶의 질이 향상될 수 있도록 사회서비스에 관한 시책을 마련하여야 함

② 국가와 지방자치단체는 사회서비스 보장과 소득보장이 효과적이고 균형적으로 연계되도록 하여야 함

(3) 소득 보장

① 국가와 지방자치단체는 다양한 사회적 위험 하에서도 모든 국민들이 인간다운 생활을 할 수 있도록 소득을 보장하는 제도를 마련하여야 함

② 국가와 지방자치단체는 공공부문과 민간부문의 소득보장제도가 효과적으로 연계되도록 하여야 함

> ※ **사회수당(demogrant)**
> 일정한 인구학적 조건만 갖추면 기여금을 지불하지 않으며, 소득조사나 자산조사를 받지 않고, 급여를 지급하는 제도
> 예) 국민보건서비스(NHS), 아동수당(가족수당), 장애수당, 노령수당 등

2. 사회보험

1) 사회보험의 개념

① 사회보험이란 국민에게 발생하는 사회적 위험을 보험의 방식으로 대처함으로써

국민건강과 소득을 보장하는 제도를 말함

② 사회보험은 생활상에 직면하는 제반 사회적 위험을 민간보험원리를 적용하여 국가가 시행하는 강제보험을 총칭한다고 할 수 있음

③ 국민에게 발생하는 사회적 위험(사망, 노령, 장애, 질병 등)을 보험방식에 의해 대처함으로써 국민건강과 소득을 보장하는 제도를 말함

2) 우리나라 사회보험의 역사

① 산재보험(1964), 의료보험(1977), 국민연금(1988), 고용보험(1995) 등 4대 보험 체계를 갖추었으며, 2008년 7월부터 노인장기요양보험이 실시되어 제5의 사회보험이 실시되었음

② 특수직역을 대상으로 한 공무원연금(1960), 군인연금(1963), 사립학교교직원연금(1973) 등은 별도 도입되었음

3) 사회보험의 일반적 특성 ★★

(1) 사회보험의 체계

① 대상: 모든 국민에게 균등한 기회가 주어지며, 능력주의에 근거하여 근로능력이 있는 사람을 주 대상으로 한다. 법령에 정해진 기준에 의해 강제적으로 적용됨

② 급여: 소득 정도(이전의 기여 정도) 및 피부양자의 수에 따라 급여가 정해짐

③ 급여자격: 사망, 실업, 부상 및 질병, 노령 등 각 사회보험이 보장하고자 하는 사회적 위험에 기초하여 급여를 제공함

④ 재원: 근로자의 기여금과 사용자의 부담금을 주된 재원으로 조성함

(2) 사회보험의 특징

① 사회적 위험으로부터 사람들을 보호하기 위해 강제적 가입방식으로 운영됨

② 모든 가입자에게 최저한의 기초생활을 유지할 수 있는 소득을 보장해 주는 제도임

③ 급여는 권리이며, 자산조사가 없으며, 규정된 욕구에 따라 제공됨

④ 사회보험의 재정은 수익자 재정책임의 원칙이 적용되며, 급여는 관련 법령으로 규정되며, 재정의 완전한 적립이 불필요함

⑤ 개인적 형평성보다는 사회적 충분성을 중시함
  – 개인적 형평성: 자신이 낸 보험료에 비례하여 급여를 받는 것을 말함
  – 사회적 충분성: 모든 가입자에게 최저생계비수준이상을 유지하도록 급여를 제공함

4) 사회보험과 공공부조 ★★
① 사회보험과 공공부조는 사회보장의 양대 산맥으로 상호보완적인 관계가 있음
② 사회보험은 소득이 있는 자를 대상으로 하지만, 공공부조는 전 국민을 대상으로 함
③ 사회보험의 급여기간은 대체적으로 한정되어 있으나, 공공부조는 빈곤한 생활을 하는 한 무제한적으로 이루어짐
④ 사회보험의 중요한 기능이 빈곤의 원인이나 사회적 사고에 대한 예방적 대처라면, 공공부조는 빈곤이 현실적으로 나타났을 때에만 작동하여 구빈적, 사후 치료적인 기능을 함

5) 사회보험과 민간보험 ★★
(1) 공통점
① 위험분산: 위험발생 가능성을 가진 많은 사람들을 하나로 묶어 정확한 장래의 손해예측을 기하는 기술임
② 손해의 우연성: 예측되거나 예상할 수 없는 우발적 사고 보험가입자의 통제를 벗어나는 손해를 말함
③ 위험의 이전: 개인의 위험(사망, 노령, 장애, 질병 등 발생)이 보험자에게 이전됨
④ 배상: 손해에 대해 전부 또는 일부를 현금, 보수, 대체 등의 방법으로 보상함

(2) 차이점
① 사회보험은 영리를 목적으로 하지 않으나, 민간보험은 영리를 목적으로 함
② 사회보험은 일반복지, 개인의 존엄성, 사회적 욕구를 충족시키는 반면, 민간보험은 특정 개인의 욕구를 충족시킴

〈 사회보험과 공공부조 〉

구분	사회보험	공공부조
대상	주로 근로자와 그 가족	일반국민(빈곤층)
재원	사회보험료,(기여금, 부담금 등)	일반 조세
수급 권리	법적 권리성이 강하고 구체적임	법적 권리성이 추상적임
급여	법적 규정에 의해 보험금 지급	수급여부 및 수급액예측이 어려움
자산 조사	불필요	필수조건
소득재분배	수평적 재분배 기능이 큼	수직적 재분배 기능이 매우 큼

〈 사회보험과 민간보험 〉

구분	사회보험	민간보험
가입	강제적	자발적
보장수준	최저소득의 보장	개인의 의사, 지불능력에 따라 고액보장 가능
강조요소	사회적 충분성 강조(복지요소)	개인적 공평성 강조(보험요소)
권리	급여는 법에 의해 규정	계약적 권리
운영주체	정부독점	자유경쟁
비용예측	비용예측 곤란	비용예측 전제
적립필요성	완전 적립 불필요	완전 적립
계약	보험계약 불필요(강제가입)	개인, 집단적 보험계약
물가상승반영	물가연동	물가상승에 취약

01) 사회보험과 민영보험에 관한 설명으로 옳은 것은?   (17회 기출)

① 사회보험급여는 철저한 보험수리원칙에 따라 납부한 보험료에 비례한다.

② 민영보험의 보험료는 평균적인 위험에 비례하여 결정된다.

③ 사회보험은 가입자의 개별 위험에 따라 보험료가 책정된다.

④ 사회보험의 보험료와 급여는 개인적인 공평성과 사회적 적절성을 반영한다.

⑤ 민영보험의 재정운영방식으로 적립방식과 부과방식이 있다.

☞ 해설: (오답 풀이)

① 민영보험급여는 철저한 보험수리원칙에 따라 납부한 보험료에 비례한다.

② 사회보험의 보험료는 평균적인 위험에 비례하여 결정된다.

③ 민영보험은 가입자의 개별 위험에 따라 보험료가 책정된다.

⑤ 사회보험인 연금의 재정운영방식으로 적립방식과 부과방식이 있다.

정답 ④

02) 사회보험과 비교할 때 공공부조가 갖는 장점은?   (16회 기출)

① 높은 비용효과성   ② 근로동기의 강화

③ 재정예측의 용이성   ④ 수평적 재분배의 효과

⑤ 높은 수급률(take-up rate)

☞ 해설: 비용효과성 [費用效果性, Cost Effectiveness]

• 특정한 목적 달성을 위하여 소요되는 비용 전체에 비교하여 전체 효과의 크기를 비교하는 것을 의미한다. 일반적으로 비용 1단위당 효과로 측정한다.

• 보편주의 제도인 사회보험보다 선별주의 제도인 공공부조에서 비용효과성이 높다.

• 근로동기의 강화, 재정예측의 용이성, 수평적 재분배의 효과, 높은 수급률(take-up rate)은 공공부조에 비해 사회보험이 갖는 장점에 해당된다.

정답 ①

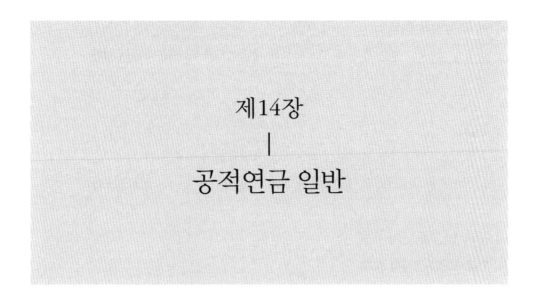

제14장
|
공적연금 일반

1. 공적연금의 개념

1) 공적 연금의 의의

사회보장수단의 하나로서 장애, 퇴직, 노령 및 부양자의 사망에 의하여 소득이 상실되는 경우를 대비하여 미리 납부한 보험료를 기초로 하여 제공되는 현금급여로서 장기적 소득보장제도임

2) 공적연금제도의 기능 ★★

(1) 노후생활보장 기능

① 사회보장체계 중 사회보험의 일종, 연금가입자의 장기적인 소득보장을 도모함

② 노령 · 퇴직 · 사망과 부상 · 질병 등 소득이 중단 또는 상실되었을 때 지급함

③ 미리 설정된 기준에 따라 자산조사 없이 권리로서 최저한의 소득을 보장함

(2) 소득재분배 기능

① 세대내 재분배: 젊은 시절의 소득 적립, 노년기에 되찾는 재분배 형태

예) 적립방식 연금

② <u>세대간 재분배</u>: 젊은 세대로부터 퇴직한 세대로 소득이 재분배되는 형태

예) 부과방식 연금

(3) 경제적 기능

① 경기순환과정에서 경기안정을 위한 자동안전장치의 기능을 함

② 연금의 재정구조자체가 경기변동에 부응 자동적으로 상당한 영향을 미침

3) 공적 연금제도의 효과

(1) 연금제도의 긍정적 효과

① 장래에 대한 위험부담 감소

② 노후생활수준의 향상

③ 근로자의 사기와 능률 향상

(2) 연금제도의 부정적 효과

① 과중한 조세부담에 의한 지하경제 팽창

② 복지비가중에 따른 생산원가 상승

③ 저축감소로 인한 투자자금 감소

4) 공적연금제도의 유형 ★★

(1) 사회보험방식

① 연금제도에 보험원리를 적용하며 보험자인 국가의 독점관리방식을 원칙으로 함

② 일정기간 자신 또는 고용주와 함께 보험료를 납입, 이를 재원으로 연금을 지급함

③ 급여액 산정시 소득재분배를 위해 통상적으로 소득비례부분과 균등부분을 절충함

(2) 사회부조방식

① 자산조사 및 소득조사를 통해 기준 이하의 소득을 가진 노인을 선별 지급함

② 선별된 노인들에게 별도의 보험료 납부 없이 국가의 일반재정으로 연금을 지급함

(3) 사회수당방식
① 별도의 보험료 납입을 요구하지 않고 소득에 따른 차별도 두지 않음
② 모든 노인들에게 국가의 일반재정을 통해 동일하게 연금을 지급함

(4) 강제가입식 민간연금제도
① 국가가 연금제도를 운영하지 않고 민간 보험회사들이 판매하는 연금상품에 가입함
② 연금상품에 대해 개인이 선택하나 반드시 가입하도록 강제하는 연금제도
   예) 칠레 등 남미 일부 국가 시행

2. 공적 연금제도의 분류

1) 정액연금과 소득비례연금
(1) 정액연금
과거의 소득과는 무관하게 동일한 금액의 급여를 지급하는 형태

(2) 소득비례연금
과거의 소득 또는 가입기간을 기준으로 급여를 차등지급하는 형태

2) 기여식 연금과 무기여식 연금
(1) 기여식 연금
① 소득의 일정비율을 보험료로 징수하여 재원을 조달하여 연금급여를 제공하는 형태
② 기여금 수준에 따라 연금급여의 수준이 차등화 됨
③ 종류: 사회보험식 연금, 강제가입식 연금 등

(2) 무기여식 연금

① 보험료징수와 무관하게 일정한 자격요건만 갖추면 연금을 지급함

② 보통 국민의 노후 최저생활을 보장하기 위하여 실시함

③ 종류: 장애인연금, 기초연금 등

3) 확정급여식 연금과 확정기여식 연금

(1) 확정급여식 연금(DB: Defined Benefit)

① 과거의 소득과 가입기간 등에 의해 받을 연금급여액을 사전에 결정함

② 원칙적으로 매달 납부하는 보험료는 확정되어 있지 않음

(2) 확정기여식 연금(DC: Defined Contribution)

① 기여금(보험료)만 사전에 결정되어 있을 뿐 급여액은 확정되지 않은 형태

② 적립한 기여금과 투자수익의 결과에 의해서만 급여액이 결정되는 형태

3. 공적 연금재정의 운용방식

1) 적립방식(funded system) ★★★

(1) 적립장식의 의의

① 장래에 지급하게 될 연금급여를 가입자가 보험료를 납부하는 동안 보험료, 국고출 연금, 누적기금 등을 재원으로 적립했다가 지급하는 방식

② 제도시행 초기에는 지출보다 보험료수입이 크기 때문에 적립금이 계속 누적되고, 수입이 지출을 상회하게 됨

③ 제도가 점차 성숙되어 감에 따라 지출이 증가하고, 지출이 수입을 초과하는 시점 에 이르게 되면 적립금으로 초과지출을 보충하게 됨

④ 수입과 지출을 일치하도록 설계하는 수지상등(收支上等)의 원칙을 중요시 함

(2) 적립방식의 장점

① 장기간 보험료를 평준화할 수 있어 세대 간 공평한 보험료 부담이 가능함

② 가입자의 저축이 강제되어 누적기금에 의해 형성된 자본을 활용할 수 있음

(3) 적립방식의 단점

① 제도시행 초기의 과중한 보험료 부담으로 피보험자의 가계에 부담을 줄 수 있음

② 장래에 변화하는 지출을 예측하기 어려워 시행초기에 적정 보험료율산정의 어려움

③ 인플레이션시 등 경제사회적 변화에 취약함

2) 부과방식(pay-as-you-go-system) ★★★

(1) 부과방식의 의의

① 한해의 지출액 정도에 해당하는 보유 잔액만 남겨두고, 그 해 연금보험료 수입을 그 해 급여의 지출로 충당하는 방식

② 일정 기간에 지출될 연금급여비용을 동일기간의 보험료 수입으로 충당하는 것으로, 현재의 근로세대가 은퇴세대의 연금급여에 필요한 재원을 부담하는 방식

③ 대부분의 선진국에서 채용하고 있으며, 수지균형(收支均衡)의 원칙을 중요시 함

(2) 부과방식의 장점

① 시행초기에는 적은 보험료로 제도를 운영할 수 있음

② 연도별 수지균형의 원칙에 따르며, 연금재정의 장기추계를 필요로 하지 않음

③ 인플레이션의 영향을 크게 받지 않으므로 연금의 현재가치를 보장함

(3) 부과방식의 단점

① 연금수급자가 증가하면 후세대의 부담이 가중됨

② 인구구조의 영향을 많이 받으며, 장기적인 측면에서는 재정운영이 불안정해짐

③ 저출산 · 고령화로 인한 인구구조에 매우 취약함

4. 세계은행(World Bank)의 3층 보장 연금체계

1) 세계은행연금보고서(1994)의 의의

① 확정급여형, 부과방식으로 이루어진 공적연금위주의 노후보장체계는 인구고령화와 저성장 경제아래서는 재정위기에 직면할 수밖에 없다고 전제함

② 경제 및 인구학적 위험을 분산시키기 위해서는 다층체계로의 전환이 필요하다고 주장함

③ 노후보장에 있어 국가의 역할을 가능한 한 기초보장으로 축소하고, 대신 기업 및 개인연금 등 시장의 기능을 대폭 확대할 것을 권고함

④ 공적연금 중심의 노후보장에서 사적 보장중심의 다중체계로 전환할 것을 권고함

2) 세계은행연금보고서(1994)의 개혁내용

① 1층: 공적연금 위주로 구축된 기존의 노후보장체계로 정부가 운용으로 하는 기본연금 (한국: 국민연금, 기초연금, 장애인연금)

② 2층: 강제 적용하지만 기업부문에서 운용하는 소득비례연금 (기업연금)

③ 3층: 임의적용으로 개인부문에서 운용하는 추가적인 소득비례연금 (개인연금)

핵심 정리

〈 공적연금의 재정운용 방식 〉

구분	적립방식	부과방식
재분배	• 개인별 형평성 담보 • 세대 내 재분배	• 세대 간 소득 재분배
장점	• 보험료의 평준화 • 제도초기 적립기금 활용 • 재정의 안정운영	• 인플레이션에 강함. • 경제성장 비례, 연금실질 가치의 증진
단점	• 평균 보험료 산정곤란 • 인플레이션에 취약 • 장기적 재정추계 필요	• 재정운영의 불안 • 인구구조변화에 취약(노령화에 취약)

01) 확정급여식 연금과 확정기여식 연금에 관한 설명으로 옳은 것을 모두 고른 것은?

(17회 기출)

> ㉠ 확정급여식 연금의 재정은 완전적립방식에서 부과방식까지 다양하게 운용될 수 있다.
> ㉡ 확정기여식 연금의 급여액은 기본적으로 적립한 기여금과 기여금의 투자수익에 의해 결정된다.
> ㉢ 확정급여식 연금제도에서는 투자위험에 대해서 개인이 전적으로 책임진다.
> ㉣ 확정기여식 연금제도에서는 물가상승, 경기침체 등의 위험을 사회 전체적으로 분산대응하는 장점이 있다.

① ㉠, ㉡

② ㉠, ㉢

③ ㉡, ㉣

④ ㉠, ㉡, ㉢

⑤ ㉠, ㉡, ㉢, ㉣

☞ 해설: (오답 풀이)

㉢ 확정급여식 연금제도에서는 투자운영의 결과와 관계없이 사전에 확정된 급여액이 보장되므로 투자위험에 대해서서는 운영자(보험자)가 전적으로 책임진다.

㉣ 확정기여식 연금제도에서는 운영과정에서 나타날 수 있는 물가상승, 경기침체 등의 위험을 개인이 부담한다.

정답 ①

02) 공적연금 재정관리 방식의 특징이 아닌 것은?

① 적립방식은 가입자들 각자가 보험료를 납부하여 축적한 적립기금으로 자신들의 노후를 보장하는 방식이다.

② 부과방식은 매년도 연금재정의 수입총액과 지출총액이 균형을 유지할 수 있도록 운영하는 방식이다.

③ 적립방식의 연금제도에서 수지상등의 원칙은 고려하지 않는다.

④ 부과방식의 연금제도는 도입 당시의 노인세대에게도 일정한 연금을 제공할 수 있다.

⑤ 적립방식의 연금제도는 저축기능을 토대로 운영된다.

☞ 해설: 공적연금의 재정운용 방식 참조

• 부과방식의 연금제도에서는 수지균형의 원칙을, 적립방식의 연금제도에서는 수지상등의 원칙을 고려한다.

• 수지상등(收支上等)의 원칙: 수입과 지출을 일치하도록 설계하는 것을 의미하며, 시중의 일반 보험상품이든 사회보험에서든 수지상등의 원칙을 중요시 한다.

정답 ③

제15장
|
국민연금제도

1. 국민연금제도의 개념

1) 국민연금제도의 의의 ★★
① 사회보험형 공적 연금제도가 가장 보편적인 노후생활보장 방법이 되고 있음
② 급여를 받기 위해서는 반드시 기여를 조건으로 하는 보험원칙을 적용함
③ 가입강제, 균등부문이 있어 저소득층에 유리한 설계로 소득재분배기능이 있음
④ 수평적 소득재분배와 수직적 소득재분배를 동시에 추구하는 제도
⑤ 1988.1월 시행(10인 이상 사업장), 1999.4월 전 국민연금 실현(도시자영업자 확대)

2) 국민연금제도의 필요성
① 생활수준의 향상과 의료기술의 발달로 평균수명의 연장
② 출산율감소로 인해 빠른 속도로 인구의 고령화가 진행됨
③ 노후준비의 부족으로 노인빈곤문제가 심각한 사회문제로 대두
④ 산업화, 도시화, 핵가족화, 부양의식 변화 등으로 사적 부양의 역할 축소 등
⑤ 제외자: 1개월 동안의 근로시간 60시간 미만인 단시간 근로자 등

3) 국민연금의 적용대상 ★★★

(1) 가입대상

당연적용 가입대상자는 국내에 거주하는 국민으로서 18세 이상 60세 미만인 자

(2) 당연적용 가입대상 제외

① 공무원, 군인, 사립학교교직원, 별정우체국의 직원 및 배우자

② 국민연금가입자와 수급권자의 배우자

③ 국민기초생활보장법에 따른 수급자

④ 18세 이상 27세 미만인 자로서 학생이거나 군복무 등의 이유로 소득이 없는 자

⑤ 1년 이상 행방불명된 자 등

4) 연금가입자의 유형 ★★★

(1) 사업장가입자

① 사업장의 18세 이상 60세 미만의 사용자 및 근로자로서 국민연금에 가입된 자

② 1인 이상의 근로자를 사용하는 사업장의 사용자 및 근로자

③ 사업장에 종사하는 18세 미만 근로자도 사업장의 당연가입자(2015.7.29.일 부터)
가 됨 다만, 본인의 신청에 의해 적용제외자로도 가능함

④ 복수(다수)사업장의 합산 근무시간이 월 60시간 이상이고 근로자가 희망하여 신청
하는 경우 사용자 동의 없이 사업장 가입자로 적용됨(2016.1일 시행)

(2) 지역가입자

① 원칙적으로 사업장가입자가 아니면서 18세 이상 60세 미만인 자

② 제외자: 국민기초생활보장법에 의한 수급자, 실질적으로 소득이 없고 배우자에 의
해 생활을 하고 있는 사람 등

(3) 임의가입자

가입대상연령 범위에는 포함되지만 사업장가입자나 지역가입자에 해당하지 않는 사
람들 중 본인이 신청하여 가입한 사람

예) 전업주부, 학생, 의무복무 중인 군인 등

(4) 임의계속가입자

① 국민연금 가입자가 연금수급연령에 달한 자가 가입기간이 부족하여 연금을 받지 못하거나 가입기간을 연장하여 더 많은 연금을 받고자 원할 경우

② 본인의 신청에 의해 65세가 될 때 까지만 가입이 가능함

5) 국민연금보험료 ★★★

① 연금보험료 = 가입자의 기준소득월액×연금 보험료율(9%)

② 사업장가입자의 연금보험료: 근로자(기여금)와 사용자(부담금)가 50%씩 부담함

③ 지역가입자(임의, 임의계속가입자 포함)의 연금보험료: 본인이 전액 부담함

6) 연금가입자격의 상실시기 ★★★★

(1) 공통요건

① 사망한 때, 노령연금수급연령에 도달한 때, 국적을 상실하거나 국외로 이주한 때

② 공무원, 군인, 사립학교교직원 등 국민연금 가입대상 제외자에 해당 된 때

(2) 개별요건

① 사업장가입자: 사용관계가 끝난 때

② 지역가입자: 사업장가입자의 자격을 취득한 때에는 그에 해당하게 된 날

③ 임의가입자: 공단에 신청하여 탈퇴신청이 수리된 때, 대통령령이 정하는 기간 이상 계속하여 연금 보험료를 체납한 때는 해당일 다음날, 사업장가입자 또는 지역가입자의 자격을 취득한 때는 해당일 다음날

7) 국민연금급여의 특징 ★★★★

(1) 연금슬라이드 제도

① 급여수준의 실질가치 유지와 관련 일반적으로 물가수준의 변화에 연금급여를 연동시킴으로써 노후기간 동안 급여의 실질구매력을 유지시킴

② 우리나라의 연금액은 국민의 생활수준, 임금, 물가, 기타 경제사정에 현저한 변동이 생긴 때 조정함

(2) 크레딧 제도

① 출산 크레딧(2008.1.1 이후 출생한 자녀부터 인정)
 - 연금제도를 출산장려정책과 연계한 제도로 자녀 출산 수에 따라 연금 가입기간을 추가 인정해 줌으로써 노령연금 수급기회를 확대하는 제도로써 추가인정기간의 재원은 국가가 전부 또는 일부를 부담함
 - 인정기간: 2자녀(12개월), 3자녀(30개월), 4자녀(48개월), 5자녀이상(50개월)
② 군복무 크레딧(2008.1.1 이후 군에 입대하는 자부터 인정)
 6개월 이상 병역의무를 이행한 경우 6개월을 연금 가입기간으로 추가 인정해 줌으로써 노령연금 수급기회를 확대하는 제도이며, 추가인정기간의 재원은 국가가 전부 부담함
③ 실업 크레딧(2016.8월 이후 수급자격 인정일부터 적용)
 - 실업기간 중 구직급여를 받는 기간을 가입기간으로 추가 산입하려는 경우 인정소득을 기준으로 연금 보험료를 납부하여야 한다.
 - 이 경우 국가는 연금 보험료의 전부 또는 일부를 일반회계, 국민연금기금, 고용보험기금에서 지원할 수 있다.
 - 추가로 산입하는 기간은 1년을 초과할 수 없다.

(3) 기타

수급권자에게 지급된 연금급여가 150만원 이하의 금액에 대해서는 압류하지 못하도록 하여 연금을 통한 기본적인 생활을 보장함

2. 국민연금급여의 내용

국민연금의 급여는 급여산정공식에 의해 확정되고, 급여액이 소득과 가입기간에 비례하는 확정소득비례형태를 채택하고 있음

1) 연금급여의 구성 ★★

(1) 연금급여: 기본연금액 + 부양가족연금액(가족수당 성역의 부가급여)

(2) 기본연금액: 균등부분 + 소득비례부분

① 균등부분
 - 가입자 개인의 소득과 관계없이 모든 가입자에게 균등하게 정액지급, 소득재분배 기능
 - 연금수급 전 3년간 가입자 전원의 표준소득월액의 평균액

② 소득비례부분
 - 가입자의 생애평균 기준소득월액에 의해 결정되므로 소득분배기능은 없음
 - 가입자 개인의 가입기간 중 기준소득월액(상한액과 하한액 있음)의 평균액

> 기본연금액은 노령연금, 장애연금, 유족연금의 산정기초가 됨

2) 급여수준 및 지급시기

① 급여수준은 평균적으로 가입자의 평균소득의 60% 수준이었으나, 국민연금법의 개정(2007.7)으로 소득 대체율(급여수준)이 2008년부터 50%로 인하되었으며, 2009년부터는 매년 0.5%씩 점차적으로 감소되어 2028년부터는 40%가 됨

② 완전노령연금의 수급연령도 60세 이상이었으나 2013년에는 61세, 이후 5년마다 1년씩 연장하여 2033년에는 65세가 됨

3. 연금급여의 종류

1) 노령연금 ★★★★

(1) 노령연금(감액노령연금, 재직자노령연금 포함)

① 가입기간이 10년이면, 가입자가 지급연령(60~65년)에 해당된 때부터 그가 생존하는 동안 지급함

② 완전노령연금: 20년 이상인 경우, 기본연금의 100%에 부양가족연금액을 가산한 금액

③ 감액노령연금: 10년 이상 20년 미만인 경우, 기본연금액의 50%에 10년을 초과하는 1년마다 기본연금의 5%에 해당금액을 더한 금액에 부양가족연금액을 가산한 금액

④ 재직자노령연금: 가입기간이 10년 이상, 60세 이상 65세 미만인 자로 소득이 있는 업무에 종사하는 경우 소득별로 일정비율의 연금액을 감액하여 지급하는 금액

(2) 조기노령연금

① 가입기간이 10년 이상 가입자로서 55세 이상인 자가 소득이 있는 업무에 종사하지 아니하는 경우 본인의 희망에 의해 그가 생존하는 동안 지급되는 연금

② 급여액은 55세인 경우 기본연금액의 70%를 지급함, 연령이 1세 증가할 때마다 6%씩 기본연금액이 증가함

(3) 분할노령연금

① 혼인기간 중 국민연금의 가입기간이 5년 이상인자가 이혼한 경우

② 전배우자가 노령연금수급권자가 되고, 본인이 연금수급연령에 도달하면 혼인기간에 해당하는 연금액을 균등하게 분배받는 연금

(4) 특례노령연금

① 국민연금의 시행초기와 확대과정에서 연령이 많은 사람이 장기간 가입할 수 없으므로 단기간(5년 이상)가입하여도 60세에 도달하면 노령연금을 받을 수 있도록 한 제도임

② 현재는 특례노령연금을 수령하는 사람은 있어도 가입대상자는 없음

2) 장애연금 ★★

① 연금가입 중에 발생한 질병 또는 부상으로 완치 후에도 신체 또는 정신상의 장애가 남았을 때, 장애등급에 따라 그 장애가 존속하는 동안 지급하는 연금

② 장애등급 1급~4급으로 나뉘며, 등급에 따라 다른 수준의 급여를 제공함

3) 유족연금 ★★
① 노령연금의 수급권자, 가입기간이 10년 이상인 가입자이었던 자, 장애등급 2급 이상인 장애연금수급권자가 사망한 경우 생계를 유지하고 있던 유족에게 지급되는 연금
② 유족의 범위: 배우자, 자녀, 부모, 손자녀, 조부모 순위 중 최우선 순위자에게 지급함

4) 반환일시금 ★★
① 국민연금 급여(노령, 장애, 유족연금) 중 어느 하나도 받지 못하면서 가입자 자격을 상실하거나 다시 가입할 가능성이 희박한 경우
② 가입자, 그 유족의 청구에 의해 자신이 납부한 연금보험료에 이자를 가산한 일시금 지급

5) 사망일시금 ★★
① 가입자 또는 가입자이었던 사람이 사망하였으나 국민연금법에 의한 유족이 없어 유족연금 또는 반환일시금을 지급받을 수 없는 경우
② 생계유지를 함께하던 4촌 이내의 방계혈족에게 지급하는 장제적 성격의 급여

※ 소득대체율
- 국민연금액이 개인의 생애평균소득의 몇 %가 되느냐 하는 개념이다.
  - 소득대체율은 2008년 50%에서 2009년부터 점차적으로 매년 0.5%씩 감소되어 2028년에는 40%가 된다.
- 저소득층일수록 급여의 절대액은 감소하지만 소득대체율은 높아진다.
- 소득이 높을수록 절대액은 커지지만 소득대체율은 낮아진다.

---

4. 국민연금의 재원

1) 연금의 재원 ★★★
① 재원은 국민연금의 보험료, 기금의 운용수익, 국고보조금 등
② 보험료 산정의 기초가 되는 기준소득월액에는 하한액과 상한액이 있음
③ 연금보험료(2005년 7월부터 보험요율: 가입자 모두 기준소득월액의 9%)
   - 사업장가입자의 보험료는 근로자, 사용자가 각각 기준소득월액의 4.5%씩 부담함
   - 지역가입자는 9%에 해당하는 금액을 모두 개인이 부담함
   - 농어업인과 저소득 근로자인 경우 일정한 조건, 보험료의 일부를 국가에서 지원함
④ 국민연금법은 국가가 국민연금공단이 연금사업을 관리, 운영하는데 필요한 비용의 전부 또는 일부를 부담하도록 하고 있음
⑤ 우리나라 국민연금의 재정운영방식: 수정적립방식을 취하고 있음

2) 관리운영체계
① 보건복지부: 국민연금사업의 정책을 결정하고 업무 전반을 총괄함
② 국민연금공단: 보건복지부장관의 위탁을 받아 국민연금업무의 실질적 집행을 함

※ 외국과의 사회보장협정(국민연금법 제127조)

대한민국이 외국과 사회보장협정을 맺은 경우에는 이 법에도 불구하고 국민연금의 가입, 연금보험료의 납부, 급여의 수급요건, 급여액의 산정, 급여의 지급 등에 관하여 그 사회보장협정에서 정하는 바에 따른다.

※ 국가의 연금보험료 지원제도(두루누리 사회보험제도)

- 지역(임의계속)가입자 중 농·어업인에 대해서는 본인 연금보험료의 1/2을 국가에서 지원해 준다.
- 근로자 10인 미만인 소규모사업장에 근로하는 월 평균 기준소득 미만인 근로자는 본인의 연금보험료와 사용자 부담분의 최대 90%까지 지원해 준다.

---

01) 국민연금의 가입기간 추가 산입에 관한 내용으로 옳지 않은 것은?

(17회 기출)

① 병역법에 따라 현역병으로 병역의무를 수행한 경우 가입기간을 추가 산입한다.

② 가입기간의 추가산입에 따른 비용은 국가와 사용자가 2분의 1씩 부담한다.

③ 자녀가 2명인 경우 12개월을 추가 산입한다.

④ 고용보험법에 따른 구직급여를 받는 경우 구직급여를 받는 기간을 가입기간에 추가 산입한다.

⑤ 사용자가 근로자의 임금에서 기여금을 공제하고 연금보험료를 내지 아니한 경우에는 그 내지 아니한 기간의 2분의 1에 해당하는 기간을 근로자의 가입기간으로 산입하되, 1개월 미만의 기간은 1개월로 한다.

☞ 해설:

• 출산 크레딧의 경우 추가인정기간의 재원은 국가가 전부 또는 일부를 부담하며, 군복무 크레딧의 경우 추가인정기간의 재원은 국가가 전부 부담한다.

정답 ②

02) 우리나라 국민연금제도에 관한 설명으로 옳은 것은? **(16회 기출)**

① 실업기간 중에는 가입기간을 추가로 산입할 수 없다.

② 출산크레딧은 3명 이상의 자녀가 있을 때부터 가능하다.

③ 농 · 어업인에 대해 연금보험료를 국가가 보조할 수 없다.

④ 노령연금 수급권자가 소득활동을 하면 최대 3년 동안 연금액이 감액된다.

⑤ 군복무자에게는 노령연금수급권 취득시 6개월을 가입기간에 추가로 산입한다.

☞ 해설: (오답 풀이)

① 실업기간 중에도 가입기간을 1년을 이내 추가로 산입할 수 있다.

② 출산크레딧은 2명 이상의 자녀가 있을 때부터 가능하다.

③ 농·어업인에 대해 연금보험료를 국가가 보조할 수 있다.

④ 노령연금 수급권자가 소득활동을 하면 최대 5년 동안 연금액이 감액된다.

정답 ⑤

제16장
|
기초연금과 장애인연금제도

1. 기초연금제도

1) 기초연금제도의 의의
① 어려운 노후생활을 하시는 노인들을 도와드리기 위한 제도임
② 지금의 노인들은 국가발전을 위해 노력하시고, 자녀들을 위해 희생하셨지만 본인의 노후는 준비하지 못한 특수한 세대임
③ 1988년부터 국민연금제도가 실시되었지만 시행된 지 오래되지 않아 충분한 연금을 받을 수 없음
④ 2014년 7월 1일부터 심각한 노인빈곤문제를 해결하기 위해 기초노령연금(2008년 시행)이 기초연금으로 변경 시행됨

2) 기초연금의 대상 및 산정
(1) 기초연금의 지급대상
① 65세 이상인 사람으로서 소득인정액이 선정기준액 이하인 사람에게 지급함
② 보건복지부장관은 선정기준액을 정하는 경우 65세 이상인 사람 중 기초연금 수급

자가 100분의 70 수준이 되도록 함

③ 공무원연금, 군인연금, 사립학교교직원연금, 별정우체국직원 연금 등을 받는 사람
   은 제외됨

(2) 기초연금액의 산정

① 기초연금액의 산정: 기초연금액은 기준연금액과 국민연금 급여액 등을 고려하여
   야 함

② 기초연금액의 감액: 본인과 그 배우자가 모두 기초연금 수급권자인 경우에는 각각
   기초연금액에서 100분의 20에 해당하는 금액을 감액함

③ 기초연금액의 적정성 평가 및 조정: 보건복지부장관은 5년마다 기초연금 수급권
   자의 생활수준, 국민연금의 변동율, 전국소비자 물가변동율 등을 종합적으로 고려
   하여 적정성을 평가하고, 그 결과를 반영하여 기준연금액을 조정하여야 함

(3) 재원의 조성 및 부담

① 국가 및 지방자치단체는 필요한 수준의 기초연금재원을 조성하되, 국민연금기금
   은 사용할 수 없음

② 국가는 지방자치단체의 노인 인구비율 및 재정여건을 고려하여 기초연금지급에
   소요되는 비용의 100분의 40 이상을 100분의 90 이하의 범위에서 일정 비율을 부
   담하도록 함

3) 기초연금의 신청 및 지급결정 등

(1) 기초연금의 지급신청

① 기초연금 수급희망자 또는 대리인은 특별자치도지사, 시장·군수·구청장에게 기
   초연금의 지급을 신청할 수 있음

② 신청할 때에는 금융, 신용, 보험정보 또는 정보를 제공하는 것에 대해 동의한다는
   서면을 제출하여야 함

(2) 기초연금지급의 결정

① 특별자치도지사, 시장·군수·구청장은 조사를 한 후 기초연금 수급권의 발생·변경·상실 등을 결정함
② 특별자치도지사, 시장·군수·구청장은 결정내용을 서면으로 그 이유를 구체적으로 밝혀 수급권자에게 지체 없이 통지하여야 함

(3) 기초연금의 지급 등
① 기초연금을 신청한 날이 속하는 달부터 기초연금 수급권을 상실한 날이 속하는 달까지 매월 정기적으로 기초연금을 지급함
② 만 65세 생일이 속한 달의 1개월 전에 신청한 경우 만 65세 생일이 속한 달부터 지급함
③ 기초연금은 매월 25일 지급하며, 토요일이거나 공휴일인 경우 그 전일에 지급함
④ 기초연금을 받는 사람명의의 계좌로 입금하는 것을 원칙으로 함
⑤ 부부 모두 기초연금을 받는 경우, 동의하는 경우 배우자의 계좌로 입금이 가능함

4) 기초연금수급자의 사후관리
(1) 기초연금의 지급정지
① 기초연금 수급자가 금고 이상의 형을 선고받고 교정시설 또는 치료감호시설에 수용되어 있는 경우
② 기초연금 수급자가 행방불명되거나 실종되는 등 대통령령으로 정하는 바에 따라 사망한 것으로 추정되는 경우
③ 기초연금 수급자의 국외 체류기간이 60일 이상 지속되는 경우

(2) 기초연금수급권의 상실
① 사망한 때
② 국적을 상실하거나 국외로 이주한 때
③ 기초연금 수급권자에 해당하지 아니하게 된 때

(3) 기초연금액의 환수

① 거짓이나 그 밖의 부정한 방법으로 기초연금을 받은 경우

② 기초연금의 지급이 정지된 기간에 대하여 기초연금이 지급된 경우

③ 그 밖의 사유로 기초연금이 잘못 지급된 경우

5) 기초연금수급자의 권리보호 등

(1) 기초연금 수급권의 보호

① 기초연금의 수급권은 양도하거나 담보로 제공할 수 없음

② 기초연금의 수급권은 압류대상으로 할 수 없음

③ 기초연금으로 지급받은 금품은 압류할 수 없음

(2) 이의신청

① 기초연금의 지급결정이나 그 밖에 처분에 이의가 있는 사람은 특별자치도지사·
　시장·군수·구청장에게 이의신청을 할 수 있음

② 이의신청은 그 처분이 있음을 안 날부터 90일 이내에 서면으로 하여야 함

③ 다만, 정당한 사유로 인하여 그 기간 이내에 이의신청을 할 수 없었음을 증명한 때
　에는 그 사유가 소멸한 때부터 60일 이내에 이의신청을 할 수 있음

(3) 시효

환수금을 환수할 권리와 기초연금 수급권자의 권리는 5년간 행사하지 아니하면 시효
의 완성으로 소멸함

2. 장애인연금제도

1) 장애인연금제도의 의의

(1) 시행목적

장애로 인하여 생활이 어려운 만 18세 이상 중증장애인에게 장애인연금을 지급함으
로써 생활의 안정지원과 복지 증진 및 사회통합을 도모하는데 이바지함

(2) 중증장애인에 대한 다층소득보장체계 구축

① 국민연금의 장애연금은 국민연금가입자가 장애를 입은 경우에 받는 사회보험임

② 장애인연금은 무기여식 연금제도로서 국민연금의 사각지대를 보완하기 위함

③ 장애연금수급에도 최저생계비에 못 미치는 가구는 기초생활보장제도를 통해 보장함

(3) 장애인연금의 지급대상

① 수급권자는 만18세 이상의 중증장애인으로서 소득인정액이 선정기준액 이하인 사람

② 보건복지부장관은 선정기준액을 정하는 경우에 18세 이상의 중증장애인 중 수급자가 100분의 70 수준이 되도록 함

③ 공무원연금, 군인연금, 사립학교교직원연금, 별정우체국직원 연금 등을 받는 사람은 제외됨

(4) 비용의 부담

지방자치단체의 재정 여건 등을 고려하여 대통령령으로 정하는 바에 따라 국가, 특별시·광역시·도 또는 특별자치도·시·군·구가 부담함

2) 장애인연금의 종류

(1) 기초급여

① 근로능력의 상실 또는 현저한 감소로 인하여 줄어드는 소득을 보전하여 주기 위하여 지급하며, 연령에 관계없이 동일하게 지급하는 급여

② 부부 모두가 기초급여를 받을 경우 각각의 기초급여액의 20%를 감액하여 지급함

③ 만 65세 이상은 기초급여 대신 기초연금으로 지급함

(2) 부가급여

① 장애로 인해 추가로 드는 비용을 보전해 주기 위해 지급하는 급여로 소득 및 연령에 따라 차등지급함

② 지급대상: 장애인연금 수급자중 기초생활수급자 외 차상위계층, 차상위 초과자에게 지급

※ 국민기초생활보장제도와의 관계: 장애인연금액(기초급여, 부가급여 포함)은 기초생활보장제도의 소득평가액 산정시 제외됨

3) 장애인연금의 신청 및 지급결정 등

(1) 장애인연금의 신청

① 수급희망자는 특별자치도지사 · 시장 · 군수 · 구청장에게 장애인연금을 신청함

② 소속 공무원은 필요로 하는 사람이 누락되지 않도록 하기 위하여 관할 지역에 거주하는 수급희망자 또는 수급권자의 동의를 받아 연금지급을 신청할 수 있음

③ 신청할 때에는 금융 · 신용 · 보험정보자료 또는 정보를 제공하는 것에 대해 동의한다는 뜻을 서면으로 제출하여야 함

④ 장애인연금 신청에 따른 조사: 신청을 받은 특별자치도지사 · 시장 · 군수 · 구청장은 소속 공무원으로 하여금 장애인연금의 지급결정 및 실시 등에 필요한 사항을 조사하게 할 수 있음

(2) 장애인연금지급의 결정

① 특별자치도지사 · 시장 · 군수 · 구청장은 조사를 하였을 때에는 지체 없이 장애인연금지급의 여부와 내용을 결정하여야 함

② 특별자치도지사 · 시장 · 군수 · 구청장은 그 결정의 요지, 장애인 연금의 종류 및 지급개시 시기 등을 서면으로 해당 수급희망자 또는 수급권자에게 통지하여야 함

③ 통지는 장애인연금 지급의 신청일로부터 30일 이내에 하여야 함

(3) 장애인연금의 지급기간 및 지급시기

지급이 결정되면 수급권자에게 신청한 날이 속하는 달부터 수급권이 소멸하는 날이 속하는 달까지 매월 정기적으로 지급함

4) 장애인연금 수급자의 사후관리

(1) 수급권의 소멸

① 사망한 경우

② 국적을 상실하거나 외국으로 이주하기 위하여 출국하는 경우

③ 수급권자의 범위에 해당하지 아니하게 된 경우

④ 장애 정도의 변경 등으로 중증장애인에 해당하지 아니하게 된 경우

(2) 수급권의 지급정지

① 수급자가 금고 이상의 실형을 선고받고 형의 집행 및 수용자의 처우에 관한 법률 또는 치료감호법에 따른 교정시설 또는 치료감호시설에 수용 중인 경우

② 수급자가 행방불명 또는 실종 등의 사유로 사망한 것으로 추정되는 경우

③ 수급자의 국외 체류기간이 60일 이상 지속되는 경우

5) 장애인연금 수급권의 소멸

① 수급자가 사망한 경우

② 국적을 상실하거나 외국으로 이주하기 위하여 출국하는 경우

③ 수급자의 범위요건에 해당하지 않는 경우

④ 장애등급의 변경으로 중증장애인에 해당하지 아니한 경우

6) 장애인연금 수급권자의 권리보호 등

(1) 장애인연금 수급권의 보호

① 수급자에게 장애인연금으로 지급된 금품이나 이를 받을 권리는 압류할 수 없음

② 장애인연금 수급계좌의 예금에 관한 채권은 압류할 수 없음

③ 수급자는 장애인연금을 받을 권리를 다른 사람에게 양도하거나 담보로 제공할 수 없음

(2) 이의신청

① 장애인연금의 지급 결정이나 그 밖에 이 법에 따른 처분에 이의가 있는 사람은 특별자치도지사 · 시장 · 군수 · 구청장에게 이의신청을 할 수 있음

② 이의신청은 그 처분이 있음을 안 날부터 90일 이내에 서면으로 할 수 있음

③ 다만, 정당한 사유로 그 기간 내에 이의신청을 할 수 없음을 증명한 경우에는 그 사유가 소멸한 날부터 60일 이내에 이의신청을 할 수 있음

(3) 시효

수급자의 장애인연금을 받을 권리와 제17조에 따라 장애인연금을 환수할 지방자치단체의 권리는 5년간 행사하지 아니하면 시효의 완성으로 소멸됨

01) 우리나라 기초연금에 대한 설명으로 옳지 않은 것은? (기출 변형)

① 2008년부터 시행된 제도이다.

② 재정은 보험료로 충당한다.

③ 대상자는 자산과 소득을 모두 고려하여 선정한다.

④ 65세 이상인 사람으로서 소득인정액이 선정기준액 이하인 사람에게 지급한다.

⑤ 보건복지부장관은 선정기준액을 정하는 경우 65세 이상인 사람 중 기초연금 수급자가 100분의 70 수준이 되도록 한다.

☞ 해설: 기초연금은 노인의 생활안정을 위해 지급하는 무기여 연금으로 재원은 국가 및 지방자치단체가 부담하며 국민연금기금은 사용할 수 없다.

정답 ②

제17장
|

의료보장 일반

1. 의료보장제도의 개념

1) 의료보장제도의 의의

(1) 의료보장의 의미

① 모든 국민이 건강하고 쾌적한 생활유지를 위하여 차별 없이 예방·치료·재활 등 필요한 의료적 서비스를 언제, 어디서나 받을 수 있는 제도

② 의료보장의 원칙: 모든 국민에게 공평한 기회 보장, 국민의 인간다운 생활 보장, 능력에 비례하는 재원 부담 등

(2) 의료보장의 원칙

① 모든 국민에게 공평한 기회를 제공해야 함

② 모든 국민에게 인간다운 생활을 보장할 수 있어야 함

③ 모든 국민의 능력에 비례하여 재원을 부담토록 해야 함

2) 의료보장제도의 유형 ★★★

(1) 사회보험방식(SHI: Social Health Insurance)

① 국가의 의료보장에 대한 책임을 기본으로 하지만 의료비에 대한 국민의 자기책임 의식을 일정부분 인정하는 의료제도임

② 정부기관이 아닌 보험자가 보험료재원을 마련하여 의료를 보장하는 방식으로 비스마르크방식이라고도 함

③ 재원은 1차적으로 보험의 원리에 따라 보험료에 의해 조달하고, 국가는 2차적으로 지원함에 따라 정부의존을 최소화 함

④ 의료의 사유화를 전제로 의료공급자가 국민과 보험자간에서 보험급여를 대행하는 운영방식임
　예) 독일, 프랑스 등

(2) 국민건강보험방식(NHI: National Health Insurance)

① 사회보험의 방식으로 모든 국민이 건강보험에 강제로 가입하도록 하는 의료제도임

② 국민이 보험집단을 형성하여 보험료를 갹출하여 재원을 마련하고, 피보험자가 질병, 부상 등 사고가 발생한 경우 의료기관을 통해 보험급여를 실시함

③ 사회연대성을 기반으로 민간보험의 원리를 도입한 의료보장체계임

④ 보험자(운영기관)책임 하에 의료기관이 가입자에게 의료서비스를 제공하고 비용을 정산토록 하는 운영방식임
　예) 한국, 대만 등

(3) 국민보건서비스방식(NHS: National Health Service)

① 국민연대성의 원칙에 기초해 통합 일원화된 재정 및 행정체계로 국가 및 공공주체가 운영을 책임지는 의료서비스 제공방식임

② 비용의 전부 또는 대부분을 조세로 부담, 급여의 범위도 치료뿐 아니라 예방 및 건강증진의 책임도 짐

③ 조세로 전 국민에게 무료에 가까운 서비스를 제공함으로써 의료의 사회화를 도모함

④ 지나친 형평성의 추구로 효율성 저해, 낮은 서비스 수준, 입원환자의 급증에 따른

대기기간의 장기화 등 단점이 발생함

　예) 영국, 이태리, 스웨덴, 뉴질랜드 등

(4) 의료저축계정

정부가 강제하는 개인저축계좌방식으로 개인과 가족의 의료비지출에만 사용토록 하는 방식

예) 싱가포르

※ 의료서비스를 국가가 주도해야 하는 근거
- 의료서비스에 대한 역선택이 발생함
- 수요자와 공급자간의 정보의 비대칭성이 존재함
- 의료서비스는 가치재의 성격이 있음
- 의료서비스의 남용 등 도덕적 해이현상이 발생함

---

3) 진료비 본인부담제 ★★★

(1) 본인부담제의 의의

① 진료비의 일부를 환자가 부담하게 만드는 제도

② 진료비 본인부담액은 선진국일수록 적고, 후진국일수록 많은 편임

(2) 본인부담제를 두는 이유

① 의료서비스의 남용 억제(도덕적 해이의 방지)

② 수익자와 비 수익자 간의 공평성 도모

③ 수익자의 부담능력에 따라 부담을 달리함으로써 수익자의 책임 촉구

④ 수익자 부담분을 사회보장재원으로 재충당 가능

(3) 본인부담제의 형태

① 정률제도

    – 본인부담률이 매우 높을 경우 본인부담금에 대한 추가적 보험수요가 발생함

② 정액제도: 서비스 비용에 관계없이 일정액을 부담시키는 방법

③ 공제제도

    – 일정액까지는 본인 전액 부담, 그 이상의 금액에 대해서는 사회보험에서 부담함

    – 의료보험 이용의 대부분을 차지하는 소액 진료비를 전부 본인부담시킴으로써, 심사 및 지불을 위한 행정비용을 줄이고, 의료보험의 남용을 막는다는 명분을 가짐

4) 건강보험 관리운영방식

(1) 조합방식

지역별, 직업별, 직장별로 여러 개의 조합으로 구성되어 있으며, 소규모 동질집단 내에서만 위험분산이 가능함

(2) 통합방식

① 지역적, 직업적으로 통일된 하나의 조합구성, 전국적 차원의 사회연대성을 강조함

② 우리나라는 공법상의 기구인 국민건강보험공단에서 통합방식을 사용함

③ 장점: 행정비용의 절감, 위험분산과 분배적 기능 확대, 지역 간 불평등 제거, 재정의 효율성 증가 등

(3) 혼합방식

제도의 일부는 정부, 나머지는 공법인이나 민간보험기관이 관리 운영하는 방식

2. 진료비의 지불방법(의료비의 제3자 지불문제)

1) 행위별수가제(점수제, 성과불제) ★★★

의료기관이 환자에게 제공한 모든 의료서비스를 항목별 계산하여 그 총액으로 진료비를 책정하는 방법으로 한국·일본 등 채택하고 있음

(1) 장점

① 의료서비스의 질을 높일 수 있음

② 의료기관의 입장에서 볼 때 가장 합리적이라고 볼 수 있음

(2) 단점

① 과잉진료 우려: 의료기관의 진료행위 하나하나가 의료기관의 수익에 직결됨

② 진료비의 부당청구 가능성: 지불방식 중 비용절감 효과가 가장 낮음

③ 관리의 어려움 및 비용 과다 소요: 청구된 의료비를 일일이 심사해야 함

2) 총액계약제 ★★

보험자(국가, 공단)와 의료기관의 대표 간 일정 기준에 따라 1년간 진료비 총액을 계약하고 그 총액의 범위 내에서 의료서비스를 제공하도록 하는 방식이며, 독일 등 채택함

(1) 장점

① 부당한 진료나 과잉진료가 발생하지 않는다는 점

② 보험재정의 안정적 운영이 가능함

(2) 단점

① 비용절감을 위한 과소진료

② 크림 떠내기(cream skiming)현상 발생 가능

③ 의료신기술 개발 및 도입이 어려움

④ 의료서비스의 질 저하 가능성

3) 포괄수가제(DRG 지불제) ★★★

(1) 포괄수가제의 형태

① 환자 1인당 또는 진료일수 1일당 정액의 진료비를 지급하는 방식

② 질병을 군별로 분류하여 질병군에 따라 정액의 수가를 지급하는 방식

(2) 장점

① 동일질병에 동일급여 보장

② 과잉진료와 의료의 오·남용 억제

③ 비용절감을 통한 본인부담금의 감소

④ 행정절차의 간소화 등

(3) 단점

진료의 질 저하 우려: 진료의 양에 관계없이 동일한 진료비를 받기 때문에 최소한의 서비스만을 제공하려고 할 수 있다는 점 등

> ※ **우리나라 일부 시행(2012년 7월부터) : 7가지 질병군에 적용**
> 백내장 수술, 치질 수술, 맹장 수술, 편도 수술, 탈장 수술, 자궁 및 자궁부속기 수술, 제왕 절개수술 등

4) 인두제

주로 주치의제도를 실시하고 있는 국가에서 채택하고 있으며, 주치의에게 등록된 수에 따라 일정금액을 지급하는 방식임

(1) 장점

① 비용이 저렴함

② 예방과 건강증진에 도움이 됨

(2) 단점

① 환자의 선택권의 제한

② 과소진료 가능성

〈 국민건강보험 방식(NHI)및 국민보건서비스 방식(NHS) 〉

구분	NHI(국민건강보험 방식)	NHS(국민보건서비스 방식)
적용대상관리	임금소득자, 공무원, 자영업자 등 구분	전 국민을 일괄 적용(집단구분 없음)
재원조달	보험료, 일부 국고지원	정부의 일반조세
의료기관	일반 의료기관 중심(의료사유화 전제)	공공의료기관 중심(의료의 사회화 전제)
급여내용	치료 중심적	예방 중심적
수가산정방법	행위별 수가제, 포괄수가제	병원급은 의사봉급제, 개원의는 인두제
관리기구	보험자(조합, 공단)	정부기관(사회보험청 등)
채택국가	한국, 대만 등	영국, 이탈리아, 스웨덴 등

01) 우리나라 국민건강보험제도에 관한 설명으로 옳지 않은 것은? (12회 기출)

① 진료비지불방식은 행위별수가제를 기본으로 하고 있다.

② 질병으로 인해 상실된 근로소득을 보전해 주는 현금급여가 있다.

③ 조합방식이 아닌 통합방식으로 운영되고 있다.

④ 직장가입자의 보험료 산정대상인 보수월액은 상·하한선이 있다.

⑤ 직장가입자의 보험료율은 1천분의 80의 범위에서 심의위원회의 의결을 거쳐 대통 령령으로 정한다.

☞ 해설: 질병으로 인해 상실된 근로소득을 보전해 주는 현금급여인 상병수당제도는 아직 실시되지 않고 있다.

정답 ②

02) 건강보험제도에 관한 설명 중 옳은 것은? (10회 기출)

① 개별 의료행위마다 가격을 지불하는 제조는 질병군별로 미리 정해진 일정액의 진 료비만을 부담하는 제도보다 필요이상의 진료서비스를 제공할 가능성이 높다.

② 포괄수가제는 진찰, 수술, 주사, 투약 등 진료의 종류나 양에 따라 가격이 지불되 는 방식이다.

③ 총액계약제는 행위별수가제보다 의료비 절감효과가 낮다.

④ 질병군별로 정해진 비용을 지불하는 것은 개별 행위마다 가격을 지불하는 것보다 환자의 비용부담을 높일 수 있다.

⑤ 포괄수가제는 과다한 진료와 진료비 상승을 초래할 가능성이 높다.

☞ 해설: 행위별 수가제의 단점

• 과잉진료 우려: 의료기관의 진료행위 하나하나가 의료기관의 수익에 직결된다.

• 진료비의 부당청구 가능성: 지불방식 중 비용절감 효과가 가장 낮다.

정답 ①

제18장
|
국민건강보험제도

1. 국민건강보험제도의 개념

1) 국민건강보험제도의 의의

(1) 건강보험제도의 목적

국민의 질병·부상 등에 대한 예방·진단·치료·재활과 출산·사망 및 건강증진에 대하여 보험급여를 실시함으로써 국민보건을 향상시키고 사회보장을 증진함을 목적으로 함

(2) 건강보험제도의 특성

① 부담능력에 따른 보험료 차등부담: 소득수준 등 보험료 부담능력에 따라 차등부담

② 보험급여의 균등한 수혜: 보험료 부과수준에 관계없이 균등한 의료급여 제공

③ 보험료 납부의 강제성: 피보험자에게 보험료 납부의무 부과. 보험자에게는 보험료의 강제 징수권 부여

④ 단기보험: 1년 단위의 회계연도 기준, 수입과 지출 예상보험료의 계산, 지급조건과 지급액도 보험료의 납입기간과 상관이 없음

(3) 건강보험제도의 원칙

① 모든 국민에게 보편적인 의료서비스를 제공하여야 함

② 사회적 연대성의 원칙에 따라 기여의 형평성과 급여의 적절성이 보장되어야 함

③ 충분한 재정을 확보함으로써 안정성을 도모하여야 함

④ 관리기구를 통합하고 민주화함으로써 관리운영의 효율화를 극대화하여야 함

⑤ 의료의 특성상 지나친 이윤추구로 상품화되는 것을 방지해야 함

⑥ 사회보장제도로서 지니는 국민연대성의 원칙과 국민적 통합을 이룰 수 있어야 함

(4) 건강보험제도의 도입연혁

① 1963. 12: 의료보험법의 제정(300인 이상 사업장 근로자, 임의적용)

② 1976. 12: 의료보험법 전문개정

③ 1977. 07: 의료보험 강제적용(500인 이상 사업장 근로자)

④ 1988. 01: 농어촌지역 의료보험 실시

⑤ 1988. 07: 당연적용 확대(5인 이상 사업장까지)

⑥ 1989. 07: 도시지역 의료보험 실시(전 국민 의료보험 시대)

(5) 건강보험제도의 역할

① 의료보장 기능건강보험은 피보험자 등 모두에게 필요한 기본 의료서비스를 적정
  한 수준까지 보장함

② 사회연대 기능

  – 사회보험으로서 건강에 대한 사회적 공동의 책임을 강조함

  – 보험료부담은 소득과 능력에 따라 하고 가입자 모두에게 균등한 의료서비스를
    제공함

  – 건강보험은 사회적 연대를 강화하고 사회통합을 이루는 기능을 가지고 있음

③ 소득재분배 기능

  – 질병은 개인의 경제생활에 지장을 주어 소득을 떨어뜨리고 다시 건강을 악화시
    키는 악순환을 초래함

  – 각 개인의 경제적 능력에 따른 일정한 부담으로 재원을 조성하고 개별부담과 관

계없이 필요에 따라 균등한 급여를 제공함
- 질병의 치료에 대한 부담을 경감시키는 건강보험은 소득재분배 기능을 수행함

2) 건강보험제도의 주요 내용 ★★

(1) 적용대상

① 국내에 거주하는 국민은 건강보험의 가입자 또는 피부양자가 되나 의료급여수급
   권자, 국가유공자 등 의료급여대상자는 제외됨
② 피부양자는 다음에 해당하는 사람 중 직장가입자에게 주로 생계를 의존하는 사
   람으로서 소득 및 재산이 보건복지부령으로 정하는 기준이하에 해당하는 사람을
   말함
   - 직장가입자의 배우자나 형제자매, 직장가입자의 직계존속(배우자의 직계존속
     포함)
   - 직장가입자의 직계비속(배우자의 직계비속 포함) 및 그 배우자

(2) 건강보험의 가입자 ★★

① 직장가입자: 모든 사업장의 근로자 및 사용자, 공무원 및 교직원 그리고 그 피부
   양자
② 지역가입자: 직장가입자와 그 피부양자, 의료급여대상자를 제외한 자

3) 재원 및 관리운영체계

(1) 직장가입자의 보험료

① 직장가입자의 경우 보수월액에 보험료율을 곱하여 얻은 금액
② 대통령령 기준에 따라 상한액 및 하한액, 사용자와 근로자가 각각 50%씩 부담

(2) 지역가입자의 보험료

① 소득 · 재산 · 생활수준 · 경제활동참가율 등 고려 부과점수에 점수당 금액 곱하여
   산정
② 세대별로 부과, 대통령령 기준에 따라 상한액 및 하한액을 정함

(3) 정부재정지원: 보험료 수입의 20%에 상당하는 금액

① 매년 예산의 범위 안에서 당해 연도 보험료 예상수입의 14% 상당금액 국고에서 지원

② 공단은 국민건강증진법의 규정에 의거 국민건강증진기금에서 6% 지원받을 수 있음

※ 보험료부과제도개선위원회의 설치(보건복지부장관 소속)

※ **보험료의 경감대상(법 제75조)**

65세 이상인자, 장애인복지법에 따라 등록한 장애인, 섬 · 벽지 · 농어촌 등 대통령령이 정하는 지역에 거주하는 자, 휴직자, 국가유공자 등

---

(4) 건강보험 관리운영체계

① 보건복지부
 - 건강보험사업의 정책을 결정하고 업무전반을 총괄함
 - 보험료(요율), 보험료부과기준, 요양급여범위, 공단예산 및 규정 등 승인

② 국민건강보험공단
 - 보험자, 가입자의 자격과 관리, 보험료의 부과징수, 보험급여비 지급 등

③ 건강보험심사평가원
 - 요양기관으로부터 청구된 요양급여 비용의 심사 및 적정성 평가

2. 국민건강보험의 급여

1) 요양급여(현물급여) ★★★

(1) 요양급여의 의의

① 가입자 및 피부양자가 질병, 부상, 출산 등으로 의료서비스를 받는 것을 말함

② 업무 · 일상생활에 지장이 없는 질환, 기타 보건복지부령으로 정하는 사항은 요양

급여 대상에서 제외(보험 비급여항목)할 수 있음

③ 요양급여를 받는 자는 비용의 일부를 본인이 부담(본인부담금)

④ 요양급여비용은 공단이사장과 대통령령으로 정하는 의약계의 대표자들과 1년 단위 계약

⑤ 요양급여비용의 청구와 지급
  - 요양기관은 요양급여비용을 심사평가원에 심사 청구
  - 심사평가원은 이를 심사한 후 지체 없이 그 내용을 공단과 요양기관에 통보
  - 공단은 그 지체 없이 그 내용에 따라 요양급여비용을 요양기관에 지급

(2) 요양기관

① 의료법에 따라 개설된 의료기관

② 약사법에 따라 등록된 약국

③ 약사법에 따라 설립된 한국희귀 · 필수의약품센터

④ 지역보건법에 따른 보건소 · 보건의료원 및 보건지소

⑤ 농어촌 등 보건의료를 위한 특별조치법에 따라 설치된 보건진료소

(3) 비용의 일부부담

요양급여를 받는 자는 비용의 일부(본인부담금)를 본인이 부담함

2) 건강검진(현물급여)

① 질병의 조기발견, 그에 따른 요양급여를 실시하기 위하여 가입자 및 피부양자가 건강에 대한 검진을 받는 것을 말함

② 일반건강검진, 암 검진, 영유아건강검진 등

③ 건강검진은 사무직인 경우 2년 마다 1회 이상, 기타 직장가입자는 1년 1회 지정된 건강검진기관에서 실시

3) 요양비(현금급여) ★★

① 기타 부득이한 사유로 인하여 요양기관과 유사한 기능을 수행하는 기관에서 질

병·부상·출산 등 요양을 받을 경우 그 요양급여에 상당하는 금액 지급

② 요양기관 이외의 장소에서 출산한 가입자 및 피부양자에게 지급

4) 장애인보장구 급여비(현금급여)

장애인복지법에 의하여 등록된 장애인 가입자 및 피부양자가 보장구를 구입한 경우, 그 구입금액의 일부를 현금으로 지급

5) 본인부담 상환제도 ★★★

① 고액중증질환자의 과다한 진료비지출로 인한 가계의 경제적 부담을 덜어주기 위한 제도로 2014년 7월 1일부터 시행됨

② 가입자의 소득수준에 따라 10분위로 구분, 해당 분위 금액을 초과하는 경우 그 초과한 금액은 공단이 부담(단, 비급여항목 제외)함으로써 전액을 환자에게 돌려주는 제도

6) 부가급여(임의급여)

① 공단은 국민건강보험법에서 정한 요양급여 외 대통령령으로 정하는 바에 따라 임신·출산진료비, 장제비, 상병수당, 그 밖의 급여를 실시할 수 있음

② 국민건강보험법에는 장제비와 상병수당을 들고 있으나 장제비는 폐지되었고, 상병수당은 지급되지 않고 있음

〈 참고 사항 〉

※ **상병수당**

건강보험가입자가 업무상 질병이나 부상이 아닌 일반적인 질병이나 부상으로 인하여 치료를 받는 동안 상실되는 소득을 현금으로 보전하는 급여이며, 우리나라에서는 실시되지 않고 있다.

※ 본인부담금

본인부담금제도는 의료이용자의 도덕적 해이방지와 건강보험재정의 안정화를 기하기 위하여 도입된 제도로 그의 모든 국가에서 채택하고 있다.

- 총 진료비: 보험급여부분+비급여부분
- 보험급여부분: 보험자(건강보험공단)부담분+본인(피보험자나 피부양자)부담분
- 이용자의 실제부담 의료비: 비급여부분 비용+보험급여부분 중 본인부담분
- 본인부담률(%): 이용자의 실제 부담의료비/ 의료서비스의 총비용

※ 사회보험징수업무의 통합

4대 보험의 보험료 징수업무(고지, 수납, 체납)를 일원화하여 건강보험공단에 위탁함(2011년 1월부터), 단, 자격관리, 보험료부과, 급여업무는 현재와 같이 각 공단에서 수행하고 있다.

01) 국민건강보험료 경감대상자를 모두 고른 것은? (15회 기출)

> ㉠ 휴직자
>
> ㉡ 60세 이상인 자
>
> ㉢ 장애인복지법에 따라 등록된 장애인
>
> ㉣ 섬·벽지·농어촌 등 대통령령이 정하는 지역에 거주하는 자

① ㉠ ② ㉡, ㉢ ③ ㉢, ㉣
④ ㉠, ㉢, ㉣ ⑤ ㉠, ㉡, ㉢, ㉣

☞ 해설: 국민건강보험법 제75조(보험료의 경감 등) 참조
• 65세 이상인자, 장애인복지법에 따라 등록한 장애인, 섬·벽지·농어촌 등 대통령령이 정하는 지역에 거주하는 자, 휴직자, 국가유공자 등

정답 ④

02) 국민건강보험제도에 관한 설명으로 옳지 않은 것은? (11회 기출)
① 타 법령에 의한 의료급여(보호) 대상을 제외한 전 국민을 적용대상으로 한다.
② 지역가입자와 직장가입자의 보험료 산정방식이 다르다.
③ 주된 진료비 지불방식은 행위별 수가제와 포괄수가제이다.
④ 본인 부담금과 비급여 항목이 있다.
⑤ 요양급여 비용은 보건복지부장관 정한다.

☞ 해설: 요양급여 비용은 보건복지부장관 소속 건강보험정책심의위원회에서 심의·의결한다(국민건강보험법 제4조).

정답 ⑤

제19장
|
노인장기요양보험제도

1. 장기요양보험의 개념

1) 장기요양보험의 의의 ★★
① 가족의 영역에 맡겨져 왔던 치매, 중풍 등 노인성 질환에 대한 장기간에 걸친 간병
　및 요양문제를 사회연대의 원리에 따라 국가와 사회가 분담하는 사회보험제도
② 모든 세대에게 혜택을 주는 사회적인 효(孝)제도
　－노인들은 더 이상 자식들에게 부담을 주지 않고 계획적이고 전문적 장기요양서
　　비스를 받을 수 있어 보다 품위 있게 노후를 보낼 수 있음
　－중·장년층은 장기요양부담에서 벗어나고 정신적, 육체적, 경제적 부담에서 벗
　　어나 경제사회활동에 전념할 수 있음
　－자녀들도 장기요양 부담이 해소된 가정에서 더 나은 교육과 보살핌을 받을 수
　　있음

2) 장기요양보험의 목적
고령이나 노인성 질병 등으로 인해 6개월 이상 일상생활을 혼자서 수행하기 어려운

노인 등에게 신체활동 또는 가사지원 등의 장기요양급여를 제공하여 노후의 건강증진 및 생활안정을 도모하고 그 가족의 부담을 덜어줌으로써 국민의 삶의 질을 향상하도록 하는데 있음

3) 급여제공의 기본원칙
① 노인의 심신상태, 생활환경과 노인 등 및 그 가족의 욕구나 선택을 종합적으로 고려하여 필요한 범위 안에서 이를 적정하게 제공하여야 함
② 노인 등이 가족과 함께 생활하면서 가정에서 장기요양을 받는 재가급여를 우선적으로 제공하여야 함
③ 노인 등의 심신 상태나 건강 등이 악화되지 않도록 의료서비스와 연계하여 이를 제공하여야 함

4) 요양보험의 필요성 ★★
(1) 가정에 의한 요양보호의 한계
① 급속한 인구의 고령화, 치매·중풍 등 노인성 질환으로 장기요양이 필요한 노인 급증
② 핵가족화, 여성의 사회참여 증가 등으로 장기간 가정에서 노인을 돌보는 것은 어렵게 됨
③ 해당 가정의 비용부담이 가중되어 노인의 장기요양문제는 사회적 문제로 대두됨

(2) 요양시설의 부족과 비용부담
① 중산층 이하의 노인이 이용할 수 있는 요양시설이 부족한 실정임
② 유로시설 이용 시 비용부담이 큰 점도 문제로 대두되고 있음

(3) 노인의료비의 증가
불필요한 장기입원으로 인한 노인의료비가 큰 폭으로 증가하는 추세임

5) 건강보험과의 차이점 ★★

① 국민건강보험: 치매 · 중풍 등 질환의 진단, 입원 및 외래치료, 재활치료 등을 목적으로 주로 병 · 의원 및 약국 등에서 서비스를 제공하는 제도

② 노인장기요양보험: 치매 · 중풍 등과 같이 노화 및 노인성 질환 등으로 인하여 혼자 힘으로 일상생활을 영위하기 어려운 대상자에게 요양시설이나 재가 장기요양기관을 통해 신체활동 · 가사지원 등의 서비스를 제공하는 제도

2. 장기요양보험의 주요내용

1) 용어의 정의 ★★

① 노인 등: 65세 이상의 노인 또는 65세 미만의 자로서 치매, 뇌혈관 질환 등 노인성 질병을 가진 자

② 장기요양급여: 6개월 이상 혼자서 일상생활을 수행하기 어렵다고 인정되는 자에게 신체활동 · 가사활동의 지원 또는 간병 등의 서비스나 이에 갈음하여 지급하는 현금 등

2) 장기요양인정 및 서비스 이용절차 ★★

① 공단 각 지사 별 장기요양센터에 이용신청

② 공단직원이 신청자의 가정 등 방문조사

  - 신청인의 심신상태 및 신청인에게 필요한 장기요양급여의 종류 및 내용

  - 그 밖에 장기요양에 관하여 필요한 사항으로 보건복지부령이 정하는 사항

③ 등급판정위원회가 장기요양 인정 및 등급 판정

④ 장기요양센터는 장기요양인정서 및 표준장기요양이용계획서를 신청자에게 통지

⑤ 장기요양기관은 급여대상자에게 장기요양급여이용계약 빛 서비스 제공

3) 등급판정 ★★

공단은 장기요양신청의 조사가 완료된 때 조사결과서, 신청서, 의사소견서 등 자료를 장기요양등급판정위원회에 제출

① 1등급: 심신의 기능상태장애로 일상생활에서 전적으로 다른 사람의 도움이 필요한 자

② 2등급: 심신의 기능상태장애로 일상생활에서 상당부분 다른 사람의 도움이 필요한 자

③ 3등급: 심신의 기능상태장애로 일상생활에서 다른 사람의 부분적인 도움이 필요한 자

④ 4등급: 심신의 기능상태장애로 일상생활에서 일정부분 다른 사람의 도움이 필요한 자

⑤ 5등급: 치매환자(노인성 질병에 해당하는 치매환자)로서 요양인정점수가 45점 이상 51점 미만인 자

⑥ 인지지원등급: 치매환자(노인성 질병에 해당하는 치매환자)로서 요양인정점수가 45점 미만인 자

4) 장기요양인정서

① 공단은 장기요양인정서를 작성하여 수급자에게 송부함

② 장기요양등급, 장기요양의 급여 및 내용, 그 밖에 장기요양급여에 관한 사항으로서 보건복지부령이 정하는 사항 포함

5) 장기요양인정의 유효기간 및 갱신

① 유효기간: 1년으로 한다. 다만 장기요양인정의 갱신결과 직전과 동일한 경우 1등급 4년, 2~4등급 3년, 5등급의 경우 2년

② 갱신: 수급자는 유효기간이 만료된 후 요양급여를 계속 받고자 하는 경우 기간만료 1개월 전 건강보험공단에 장기요양인정의 갱신신청을 해야 함

3. 장기요양급여의 종류

1) 재가급여 ★★★★

① 방문요양: 수급자의 가정을 방문하여 신체활동 및 가사활동 등 서비스를 제공함

② 방문목욕: 목욕설비를 갖춘 장비를 이용하여 가정 등을 방문하여 목욕서비스를 제공함

③ 방문간호: 간호사 등이 의사, 한의사 또는 치과의사의 지시서에 따라 가정을 방문하여 간호 및 진료보조, 요양상담 또는 구강위생 등 서비스를 제공함

④ 주·야간보호: 하루 중 일정시간 동안 요양기관에서 신체활동지원 및 기능회복훈련 등 서비스를 제공함

⑤ 단기보호: 일정기간 동안 요양기관에서 신체활동 지원 및 기능회복훈련 등 서비스를 제공함

⑥ 기타재가급여: 수급자의 일상생활, 신체활동지원에 필요한 용구를 제공하거나 가정을 방문하여 재활에 관한 지원 등 서비스 제공함

2) 시설급여

① 노인의료복지시설에 장기간 입소하여 신체활동지원, 심신기능의 유지 및 향상을 위한 교육훈련을 제공하는 요양급여를 말함

② 노인요양시설 및 노인요양공동생활가정에 장기 입소하여 지원을 받는 급여

3) 특별현금급여 ★★★

① 가족요양비: 장기요양기관이 현저히 부족한 도서·벽지에 거주하는 자, 천재지변 등으로 장기요양급여의 이용이 어렵다고 인정된 자, 신체·정신·성격 등의 사유로 가족 등이 장기요양을 받아야 하는 자에게 지급함

② 특례요양비: 수급자가 장기요양기관으로 지정되지 않은 장기요양시설 등의 기관과 재가 또는 시설급여에 상당한 장기요양급여를 받은 경우 요양급여 비용의 일부를 지급함

③ 요양병원간병비: 수급자가 노인전문병원 또는 요양병원에 입원한 때에 장기요양에 사용되는 비용의 일부를 지급함

4. 요양보험의 재원 및 관리운영체계 등

1) 장기요양보험료 ★★
① 장기요양보험가입자는 국민건강보험 가입자와 동일, 공단은 건강보험료와 통합징
   수하고, 각각 독립회계로 관리해야 함
② 장기요양보험료는 건강보험료액에서 경감 또는 면제되는 비용을 공제한 금액에
   장기요양보험료율을 곱해 산정함
③ 보험료율은 장기요양위원회의 심의를 거쳐 대통령령으로 정함

2) 국가 및 지방자치단체의 부담 ★★
① 국가는 매년 예산의 범위 안에서 당해 연도 장기요양보험료 예상수입액의 20%에
   상당하는 금액을 공단에 지원함
② 국가와 지방자치단체는 의료급여수급권자의 장기요양급여비용, 의료급여 수급권
   자의 장기요양급여비용, 의사소견서발급비용, 방문간호지시서 발급비용 중 공단
   이 부담하여야 할 비용 및 관리운영비의 전액을 분담함

3) 본인 일부부담금 ★★
① 일반 수급자: 재가급여(15%), 시설급여(20%)
② 기초생활수급권자: 무료
③ 기초생활수급권자 외 의료급여수급권자 및 경감적용 대상자: 본인부담금의 40%
   만 부담

4) 관리운영체계
① 보건복지부: 장기요양보험사업의 전반적인 업무를 관장함
② 국민건강보험공단: 장기요양보험사업의 사업자로서 관련 업무를 관리 · 운영함
③ 지방자치단체: 장기요양서비스 사업자에 대한 지도 · 감독업무를 수행함
④ 장기요양등급판정위원회: 장기요양인정 및 장기요양등급판정 등을 심의하기위해
   건강보험공단에 설치함

5) 장기요양기관

① 재가급여 또는 시설급여를 제공하는 장기요양기관을 운영하려는 자는 소재지를 관할 구역으로 하는 특별자치시장·특별자치도지사·시장·군수·구청장으로부터 지정을 받아야 함

② 장기요양기관으로 지정받으려는 자는 보건복지부령으로 정하는 장기요양에 필요한 시설 및 인력을 갖추어야 함

01) 노인장기요양보험의 급여를 제공하는 장기요양기관이 아닌 것은? (17회 기출)

① 노인요양시설

② 주·야간보호시설

③ 노인요양병원

④ 단기보호시설

⑤ 노인요양공동생활가정

☞ 해설: 장기요양급여의 종류 참조

• 요양병원은 노인장기요양보험의 시설급여 제공기관에 해당하지 않는다.

정답 ③

02) 노인장기요양보험제도에 관한 설명으로 옳은 것은? (16회 기출)

① 단기보호는 시설급여에 속한다.

② 가족에게 요양을 받을 때 지원되는 현금급여가 있다.

③ 보험료는 건강보험료와 분리하여 징수한다.

④ 장기요양인정의 유효기간은 3개월 이상으로 한다.

⑤ 보험료율은 보건복지부령으로 한다.

☞ 해설: 장기요양급여의 종류 중 현금급여에는 가족요양비, 특례요양비, 요양병원간
병비가 있다.

• (오답 풀이)

① 단기보호는 재가급여에 속한다.

③ 보험료는 건강보험료와 통합하여 징수한다.

④ 장기요양인정의 유효기간은 최소 1년 이상으로 한다.

⑤ 보험료율은 장기요양심의위원회의 심의를 거쳐 대통령령으로 정한다.

정답 ②

제20장
|
산업재해보상보험제도

1. 산재보험제도의 개념

1) 산재보험의 의의
① 산업재해를 당한 근로자에게 신속한 보상을 하고, 사업주에게는 재해 발생시 보상
에 따른 경제적 부담을 덜어주기 위해 국가에서 관장하는 사회보험
② 국가는 근로자를 사용하는 모든 사업주로부터 보험료를 징수하여 산업재해로 부
상 또는 사망한 근로자와 그 가족에게 산재보험급여를 지급함

2) 산재보험이론 ★★★
① 직업위험이론: 산업재해는 필연적으로 발생하며 그 배상은 사업주의 과실여부와
관계없이 당연히 이루어져야 하며, 산재비용은 생산비용의 일부라고 봄
② 최소사회비용이론: 산재보험제도를 도입하는 것이 민사소송에 의해 과실 책임을
판결하는 것보다 비용 및 시간 등 경제적 손실을 최소화함으로써 효율적이라고 봄
③ 사회적 협약이론: 산업재해는 필연적으로 발생하며 산재보험의 도입은 사업주와
근로자 모두에게 이익이 되기 때문에 양측이 도입에 대한 사회적 협약을 체결하는

것으로 봄

④ <u>원인주의이론</u>: 산업재해로 인정받기 위해서는 업무기인성과 업무수행성이라는 2가지 요건을 모두 충족시켜야 한다고 봄

3) 산재보험제도의 특징 ★★★

(1) 무과실책임주의

① 기업의 고의·과실을 묻지 않고 근로자가 입은 재해에 대해 배상책임을 지우는 것이 공평과 정의에 부합됨

② 산업재해보상제도의 사용자 보상책임은 생존권보장의 이념에 입각하고 있다고 볼 수 있으며, 초기 민법에 근거한 과실책임주의에서 점차 무과실책임주의로 전환됨

(2) 사업장중심의 관리

① 타 보험제도와 달리 사업장 단위로만 가입이 가능하며, 보험료는 원칙적으로 사업주가 전액 부담함

② 피보험자의 개념을 별도로 규정하고 있지 않아 개별 근로자의 관리는 이루어지지 않음

(3) 자진신고 및 자진납부, 종합적 보상제도

① 사업주는 산재보험의 자진 신고, 보험료의 자진 납부

② 현금급여와 현물급여가 모두 제공되는 종합적 보상제도

(4) 개별 실적요율주의

① 개별실적에 따라 산재발생이 높은 사업장은 높은 보험료, 산재발생이 낮은 사업장은 낮은 보험료를 부담하는 방식으로 보험요율을 결정함

② 산재보험요율은 매년 6월 30일 최근 3년간의 임금총액에 대한 보험금여 총액의 비율을 기초로 하여 재해발생의 위험성에 따라 분류된 업종별 보험요율을 세분화하여 적용함

(5) 산재보험의 의제가입

산재보험의 당연가입대상이었던 사업주가 사업규모의 변동 등으로 인하여 당연가입자에서 제외된 경우에도 당해 사업주는 보험에 가입한 것으로 봄

2. 산재보험제도의 주요 내용

1) 산재보험의 적용대상
① 부상, 질병, 신체장애 또는 사망 등 업무상 재해를 당한 근로자, 가입자는 모든 사업장의 사업주
② 재해를 당한 근로자는 사업주의 성립신고 여부와 관계없이 산재보상을 받을 수 있음

2) 근로자의 범위
① 사업 또는 사업장에 임금을 목적으로 근로를 제공하는 자
② 보험모집인, 학습지교사, 레미콘 기사, 골프장 캐디 등 특수형태 근로 종사자도 적용됨

3) 산재보험의 적용제외 사업 또는 사업장 ★★
① 공무원연금법 또는 군인연금법에 따라 재해보상이 되는 사업
② 선원법, 어선원 및 어선재해보상보험법 또는 사립학교교직원연금법에 따라 재해보상이 되는 사업
③ 총 공사금액이 2천만원 미만인 공사이거나 연면적이 100제곱미터 이하인 건축물의 건축 또는 연면적 200제곱미터 이하인 건축물의 대수선에 관한 공사
④ 상시근로자수가 1명 미만인 사업, 가구 내 고용활동
⑤ 농업, 임업(벌목업은 제외), 어업 및 수렵업 중 법인이 아닌 자의 사업으로 상시 근로자 5명 미만인 사업 등

4) 산재보험의 관계

① 국가 또는 근로복지공단이 보험자가 되며, 사업주는 보험가입자가 됨
② 피보험자의 개념이 성립하지 않는 책임보험의 성격을 가짐

5) 가입자의 종류 ★★★

(1) 당연적용 가입자

① 당연적용사업: 사업이 개시되거나 사업개시에 필요한 일정요건에 도달하게 되면 사업주의 의사와 관계없이 법률적으로 당연히 보험관계가 성립하는 사업
② 산재보험법의 적용을 받는 사업주는 당연히 산재보험의 당연적용가입자가 됨

(2) 임의적용 가입자

① 임의적용사업: 산재보험에 의한 적용제외사업으로, 보험가입여부가 사업주의 자유의사에 일임되어 있는 사업
② 사업주는 근로복지공단의 승인을 얻어 산재보험에 가입할 수 있음

(3) 의제적용 가입자

① 의제적용사업: 산재보험의 당연적용사업이 임의적용사업으로 된 경우 일정기간 당연적용이 되는 사업으로 간주됨
② 당연적용사업이 사업규모의 변동 등으로 적용 제외사업이 된 때에는 그 날부터 1년의 범위 안에서 보험에 가입한 것으로 봄

(4) 특례가입

① 중소기업사업주에 대한 특례(임의가입방식)
② 특수형태 근로종사자에 대한 특례(당연가입방식)
③ 해외파견근로자에 대한 특례(임의가입방식)
④ 현장실습생에 대한 특례(당연가입방식)
⑤ 자활급여수급자에 대한 특례(당연가입방식)

6) 산재보험급여의 산정기준

① 보험급여를 산정하는 경우 해당 근로자의 평균임금으로 하고, 그 근로자의 연령이 60세 이후에는 소비자물가 변동율에 따라 평균임금이 증감됨

② 평균임금을 적용하는 것이 적당하지 아니하다고 인정되는 경우 대통령령으로 정하는 산정방법에 따라 산정한 금액을 평균임금으로 함

7) 업무상 재해의 인정 ★★★

① 업무상 재해의 정의: 업무상의 사유에 따른 근로자의 부상, 질병 또는 사망을 말함
② 산업재해인정의 범위
 - <u>업무수행성</u>: 사용자의 지배 또는 관리 하에서 이루어지는 업무수행 및 그에 수반되는 통상적인 활동과정에 기인하여 재해가 발생할 것
 - <u>업무기인성</u>: 재해와 업무 간에 상당한 인과관계가 있을 것

8) 업무상 재해의 인정기준 ★★★

(1) 업무상 사고

① 근로자가 근로계약에 따른 업무나 그에 따르는 행위를 하던 중 발생한 사고
② 사업주가 제공한 시설물 등을 이용하던 중 그 시설물 등의 결함이나 관리소홀로 발생한 사고
③ 사업주가 주관하거나 사업주의 지시에 따라 참여한 행사나 행사준비 중에 발생한 사고
④ 휴게시간 중 사업주의 지배관리하에 있다고 볼 수 있는 행위로 발생한 사고
⑤ 그 밖에 업무와 관련하여 발생한 사고

(2) 업무상 질병

① 업무수행 과정에서 물리적 인자(因子), 화학물질, 분진, 병원체, 신체에 부담을 주는 업무 등 근로자의 건강에 장해를 일으킬 수 있는 요인을 취급하거나 그에 노출되어 발생한 질병
② 업무상 부상이 원인이 되어 발생한 질병

③ 근로기준법에 따른 직장 내 괴롭힘, 고객의 폭언 등으로 인한 업무상 정신적 스트레스가 원인이 되어 발생한 질병

④ 그 밖에 업무와 관련하여 발생한 질병

(3) 출퇴근 재해

① 사업주가 제공한 교통수단이나 그에 준하는 교통수단을 이용하는 등 사업주의 지배관리 하에서 출퇴근하는 중 발생한 사고

② 그 밖에 통상적인 경로와 방법으로 출퇴근하는 중 발생한 사고

3. 산재보험급여의 종류

1) 요양급여(현물급여) ★★

① 요양급여는 근로자가 업무상 사유로 부상을 당하거나 질병에 걸린 경우 지급

② 진찰 및 검사, 약제 또는 진료재료와 의지 그 밖의 보조기의 지급, 처치수술 그 밖의 치료, 재활치료, 입원, 간호 및 간병, 이송, 그 밖에 고용노동부령으로 정하는 사항

③ 요양급여는 현물급여가 원칙이나 부득이하게 본인이 먼저 부담한 경우 산재환자에게 현금으로 지급이 가능함

④ 요양급여의 진료비는 근로복지공단이 의료기관에 직접 지급함(본인부담금 없음)

⑤ 3일 이내의 요양으로 치료될 수 있을 때에는 지급하지 아니함(대기기간 3일)

2) 휴업급여(현금급여) ★★★

① 업무상 사유로 부상을 당하거나 질병에 걸린 근로자에게 요양으로 취업하지 못한 기간에 대하여 지급하는 급여, 다만, 취업하지 못한 기간이 3일 이내이면 지급하지 않음

② 1일당 지급액은 평균임금의 70%에 상당하는 금액

3) 장해급여(현금급여) ★★

① 부상이나 질병을 치유한 후에도 신체 등에 장해가 있는 경우 지급하는 급여

② 장해 정도에 따라 14등급으로 나누며, 장해급여는 장해등급에 따라 차등 지급함

③ 장해등급 1~3급의 중증장애인의 경우 연금으로만 지급

④ 장해보상연금의 수급권자가 재요양을 받는 경우에도 연금지급은 정지되지 않음

4) 간병급여(현금급여) ★★

요양급여를 받은 자 중 치유 후 의학적으로 상시 또는 수시로 간병이 필요하여 실제로 간병을 받는 자에게 지급하는 급여

5) 유족급여(현금급여) ★★

① 근로자가 업무상의 사유로 사망한 경우에 유족에게 지급하는 급여이며, 유족보상연금이나 유족보상일시금을 지급함

② 유족보상연금을 받을 수 있는 자격이 있는 자가 원하면, 50%에 상당하는 금액을 유족보상일시금으로 지급하고, 연금은 50%를 감액 지급함

6) 상병보상연금(현금급여) ★★★

요양급여를 받는 자가 요양을 시작한지 2년이 지난날 이후, 다음의 요건 모두에 해당하는 경우에는 휴업급여 대신 근로자에게 평균임금의 1,340일분을 일시보상금으로 지급하는 급여를 말함

① 부상이나 질병이 치유되지 아니한 상태일 것

② 요양으로 인하여 취업하지 못하였을 것

③ 부상·질병에 따른 폐질의 정도가 대통령령으로 정하는 폐질등급 기준에 해당할 것

7) 장의비(현금급여) ★★

① 근로자가 업무상의 재해로 사망한 경우에 지급하는 급여

② 평균임금의 120일분에 상당하는 금액을 그 장제를 지낸 유족 등에게 지급함

8) 직업재활급여(현금급여) ★★★

① 장해급여자 중 직업훈련이 필요한 자에 대하여 실시하는 직업훈련에 소요되는 비용 및 직업훈련수당으로 지급하는 급여
② 사업장에 복귀한 장해급여자에 대하여 사업주가 직장적응훈련, 재활운동을 실시하는 경우 직장복귀지원금, 직장적응훈련비 및 재활운동비를 사업주에게 각각 지급함

9) 기타 급여 ★★

(1) 장해특별급여

① 사업주의 고의 또는 과실로 발생한 업무상의 재해로 근로자가 장해를 입은 경우에 지급하는 급여
② 근로자가 민법에 따른 손해배상을 청구하는 대신 산재보험에서 지급하고 사업주에게 납부하도록 하는 제도

(2) 유족특별급여

① 사업주의 고의 또는 과실로 발생한 업무상의 재해로 근로자가 사망한 경우에 지급하는 급여
② 근로자의 유족이 민법에 따른 손해배상을 청구하는 대신 산재보험에서 지급하고 사업주에게 납부하도록 하는 제도

4. 산재보험의 재원 및 관리운영체계 등

1) 산재보험료 ★★

① 사업주의 보험료 전액부담: 사용자의 무과실책임원리를 기초로 근로자를 보호하는 것이 산재보험제도의 목적이기 때문임(단, 특수형태의 근로종사자는 사업주와 근로자가 1/2을 분담함)
② 산재보험의 보험료율: 업종별 요율과 개별 실적요율을 함께 적용

- 업종별 요율: 업종의 평균적인 재해율을 기초로 선정하며, 개별 사업주는 자신이 속한 업종의 보험료율을 적용함
- 개별 실적요율: 각 업종 내 개별 사업장별로 재해발생이 많고 적음에 따라 일정한 범위에서 보험료율의 증가 또는 경감하여 적용함

2) 산재보험료의 산정 및 재정지원

① 월별보험료의 산정: 사업주에게 부과하는 월별보험료는 근로자 개인별 월평균 보수에 보험료율을 곱한 금액을 합산 산정함

② 보험료의 부과징수: 전 사업장에 대해 보험료는 근로복지공단이 매월 부과하고, 건강보험공단이 이를 징수함

③ 정부의 재정지원: 회계연도마다 예산의 범위에서 보험사업의 사무집행 비용을 부담하며, 예산의 범위에서 보험사업 비용의 일부를 지원할 수 있음

3) 적정 급여수준보장을 위한 제도 ★★

(1) 임금변동 순응률제도

① 급여수준의 적정보상을 위해 급여에 임금증감률을 반영하기 위해 마련한 제도

② 매년 전체근로자의 임금평균액의 증감률에 따라 증감하되, 60세 이후에는 소비자물가의 변동률에 따라 증감됨

(2) 최고보상기준제도 및 최저 보상기준제도

① 산재보상에 따른 보험급여는 과거 소득상실분의 보상을 목표로 하기 보다는 생활비를 목표로 하는 사회적 성격이 강함

② 보험급여가 너무 많거나 너무 적을 때에는 최고보상금액 또는 최저보상금액으로 조정할 필요가 있음

(3) 통상근로계수

① 일용근로자의 경우 휴업급여가 한달 내내 근무한 근로자보다 평균임금이 더 많은 경우를 방지하기 위해 마련한 제도

② 일용근로자의 산재보상급여를 산정할 때, 0.73의 통상근로계수를 곱하여 산출함

(4) 다른 법령의 보상, 배상과 중복급여 제한 및 다른 사회보험과 중복급여 조정

① 산재보험법에 의해 보상을 받는 수급권자는 동일한 사유로 근로기준법, 민법 등 다른 법령에 따른 보상을 받는 것은 제한됨

② 중복급여의 조정은 국민연금 등 다른 사회보험 간에도 적용됨

4) 관리운영체계

① 고용노동부: 산재보험사업의 정책을 결정하고 업무전반을 총괄함

② 근로복지공단: 고용노동부장관의 위탁으로 산재보험사업을 실질적으로 수행함

〈 참고 사항 〉

※ **산재보험의 개별 실적요율 계산하기**

• 개별실적요율 = 업종별 일반요율×수지율에 의한 증감비율

• 수지율 = 최근 3년간의 보험급여초액 / 최근 3년간의 보험료총액×100

※ **산재보험 적용과 관련**

• 특례를 받는 자 중 현장실습생, 특수형태 근로종사자, 국민기초생활보장의 자활급 여수급자는 당연적용가입자가 됨

• 해외파견자, 중소기업사업주는 근로복지공단의 승인을 받아야 하기 때문에 임의적용 가입자가 됨

01) 우리나라 산업재해보상보험제도에서 업무상 재해의 인정기준을 모두 고른 것은?

(17회 기출)

> ㉠ 출·퇴근 재해
> ㉡ 업무상 질병
> ㉢ 업무상 사고
> ㉣ 장애등급

① ㉡, ㉣　　　　　　　　　　② ㉠, ㉡, ㉢

③ ㉠, ㉢, ㉣　　　　　　　　④ ㉡, ㉢, ㉣

⑤ ㉠, ㉡, ㉢, ㉣

☞ 해설: 업무상 재해의 인정기준 참조

• 출·퇴근 재해, 업무상 질병, 업무상 사고 등 업무상 재해의 인정기준에 해당되나 장애 등급은 해당하지 않는다.

정답 ②

02) 우리나라 산업재해보상보험제도의 특징이 아닌 것은?　　(15회 기출)

① 보험료는 업종별로 상이한 보험료율을 적용하고 있다.

② 보험료는 개별 사업장의 산재사고실적에 따라 보험료를 증감한다.

③ 당연적용사업장 중 미가입 사업자에게 발생한 산재사고에 대해서는 보상받을 수 없다.

④ 보험료는 개산보험료와 확정보험료로 구성되어 있다.

⑤ 산업재해보상보험에서는 근로자의 과실여부에 상관없이 산재사고에 대한 보상이 이루어진다.

☞ 해설: 당연적용사업은 사업이 개시되거나 사업개시에 필요한 일정한 요건에 도달하게 되면 사업주의 의사와 상관없이 법률적으로 당연히 보험관계가 성립한다. 즉, 사용자가 보험관계 성립신고를 하였는지 여부와 상관없이 사업이 개시되거나 사업개시에 필요한 일정한 요건에 도달하게 된 날 이후에 재해를 당한 근로자는 산업재해보상보험법에 의해 보상을 받을 수 있다.

정답 ③

제21장

|

고용보험제도

1. 고용보험제도의 개념

1) 고용보험제도의 의의

(1) 사후적 · 소극적 사회보장정책

① 실업 등으로 인한 사회경제적 어려움을 해소하여 근로자의 생활안정을 도모함

② 종류: 실업급여(구직급여, 취업촉진수당), 모성보호급여 등

(2) 사전적 · 적극적 노동시장정책

① 근로자의 실업예방, 고용안정, 직업능력개발 및 고용기회의 확대 등을 도모함

② 종류: 고용안정 및 직업능력개발 사업 등

2) 고용보험제도의 시행목적 ★★

(1) 산업구조의 조정과 경영합리화의 촉진

가속화되는 기술진보와 시장여건의 변화에 따라 발생하는 잉여인력을 새로운 수요에
부응하는 직업훈련을 실시하고, 재취업을 알선함으로써 원활한 산업구조 조정을 촉

진함과 동시에 기업의 경영합리화를 촉진함

(2) 기업의 경쟁력 강화

근로자의 직업능력개발을 위한 다양한 제도적 장치를 마련하고, 실직자에게도 재취업훈련을 실시하여 신속히 산업인력화함으로써 기업의 인력난 해소와 실업의 감소에 기여함

(3) 실직근로자의 생활안정 도모 및 재취업의 촉진

실직근로자의 생계를 제도적으로 보장함으로써 생활안정을 도모하고, 각종 고용정보 제공 등을 통해 재취업을 촉진함

3) 고용보험의 적용대상 ★★★

(1) 당연적용사업과 임의적용 사업

① 당연적용사업: 1인 이상 근로자를 고용하는 사업 및 사업장은 사업주 또는 근로자의 의사와 관계없이 보험관계가 성립함

② 임의적용사업: 고용보험법의 의무적용을 받지 아니하는 사업으로서, 가입여부가 사업주의 자유의사에 일임되어 있는 사업

(2) 적용제외 사업

① 농업, 어업, 임업, 수렵업 중 법인이 아닌 자가 상시근로자를 5명 미만 고용하는 사업

② 총 공사금액이 2천만원 미만인 공사

③ 연면적 100제곱미터 이하인 건축물의 건축 또는 연면적 200제곱미터 이하인 건축물의 대 수선공사에 관한 공사

④ 가구내 고용활동이나 자가소비 생산활동 등

(3) 적용대상 제외 근로자

① 65세 이후에 고용되거나 자영업을 개시한 자(고용안정/직업능력개발사업은 적용)

② 1개월 소정 근로시간이 60시간 미만인 근로자

③ 국가공무원법 및 지방공무원법의 적용을 받는 자

④ 사립학교교직원연금법의 적용을 받는 자
⑤ 별정우체국법에 따른 별정우체국직원

(4) 외국인 근로자에 대한 적용
① 외국인 근로자의 고용 등에 관한 법률의 적용을 받는 외국인 근로자
② 다만, 실업급여 및 육아휴직급여 등은 고용노동부령으로 정하는 경우만 적용됨

4) 고용보험가입자의 종류 ★★
(1) 당연적용가입자
① 사업이 개시되어 적용요건을 갖추었을 때는 사업주나 근로자의 의사에 관계없이 자동적으로 보험관계가 성립되는 경우
② 고용보험법적용을 받는 사업의 사업주와 근로자는 고용보험의 당연적용가입자가 됨

(2) 임의적용가입자
① 임의적용은 적용 제외사업으로서 고용보험의 가입여부가 사업주와 근로자의 의사에 의해 해결되는 경우
② 적용제외사업의 사업주는 근로자 과반수의 동의를 얻어 근로복지공단의 승인을 얻은 때 고용보험에 가입할 수 있음

(3) 의제적용가입자
의제적용이란 당연적용사업이 당연적용 제외사업으로 된 경우 일정기간 당연적용사업이 되는 것으로 간주되는 경우

2. 고용보험의 급여

1) 실업급여의 개념 ★★★
(1) 실업급여의 의의

① 사후적 소극적인 사회보장정책에 해당되며, 근로자가 실직하여 재취업활동을 하는 기간에 소정의 급여 지급
② 실업으로 인한 생계불안의 극복과 생활의 안정 도모 및 재취업의 기회 지원

(2) 실업급여의 종류
① 구직급여(훈련연장급여, 개별연장급여, 특별연장급여 포함)
② 취업촉진수당 : 조기재취업수당, 직업능력개발수당, 광역구직활동비, 이주비 등

(3) 수급권의 보호 및 면제
① 수급권의 보호
　　－ 실업급여를 받을 권리는 양도·압류하거나 담보로 제공할 수 없음
　　－ 실업급여수급계좌의 예금 중 대통령령으로 정하는 액수 이하의 금액에 관한 채권은 압류할 수 없음
② 공과금의 면제: 실업급여로서 지급된 금품에 대하여는 국가나 지방자치단체의 공과금을 부과하지 아니함

2) 구직급여 ★★★★
근로자가 실직 시 일정기간 생계유지를 위하여 필요한 소득을 보전해 주는 현금 급여

(1) 수급 요건(제40조)
① 이직일 이전 18개월간 피보험 단위기간이 통산하여 180일 이상일 것
② 이직사유가 수급자격의 제한사유에 해당하지 아니할 것
　　－ 본인의 중대한 귀책사유로 해고된 경우
　　－ 자발적으로 이직한 경우
③ 근로의 의사와 능력이 있음에도 불구하고 취업하지 못한 경우
④ 재취업을 위한 노력을 적극적으로 할 것
⑤ 일용근로자인 경우
　　－ 실업급여 신청 전 1개월 동안의 근로일수가 10일 미만일 것

- 최종 이직일 이전 기준기간의 피보험 단위기간 180일 중 90일 이상을 일용근로 자로 근로하였을 것

(2) 실업의 신고 및 인정
① 구직급여를 지급받으려는 자는 이직 후 지체 없이 직업안정기관 신고하여야 함
② 실업의 신고에는 구직신청과 수급자격의 인정신청이 포함됨
③ 구직급여는 수급자격자가 실업한 상태에 있는 날 중에서 직업안정기관의 장으로 부터 실업의 인정을 받은 날만 지급함

(3) 급여수준
① 구직급여액은 수급자의 기초일액의 60%이며, 기초일액에는 상한액과 하한액이 존재함
② 기초일액은 마지막 이직 당시 근로기준법에 따라 산정된 평균임금을 기준으로 함

> ※ 구직급여지급액 = 퇴직 전 평균임금일액의 60%×소정급여일수

(4) 수급기간
① 실업신고 후 7일 간은 대기기간으로 구직급여를 지급하지 아니함
② 이직일 다음날부터 계산하여 12개월 내에 소정급여일수를 한도로 구직급여를 지급함
③ 구직급여의 소정급여일수는 보험가입기간과 연령에 따라 90일에서 240일까지임

> ※ 퇴직 후 12개월이 경과하면 소정급여일수가 남아 있더라도 더 이상 구직급여 를 받을 수 없으며, 재취업한 경우에도 받을 수 없으므로 퇴직 즉시(지체 없이) 신고하여야 함

> ※ **상병급여**
> 실업신고를 한 이후 질병·부상·출산으로 취업이 불가능하여 실업의 인정을 받지 못한 날에 대해 구직급여를 대신해 지급할 수 있으며, 7일 이상 질병·부

상으로 취업할 수 없는 경우 및 출산의 경우 출산일로부터 45일간 지급함

3) 기타 구직급여(연장급여) ★★★

수급자격자의 개별 사정이나 경기침체 등 특수한 사정으로 인해 구직자가 기간 내에 재취업이 어려운 경우에 구직급여를 연장해서 지급하는 제도이며, 실업부조제도가 없는 국가에서 실시하고 있는 제도
예) 한국, 미국, 일본 등

(1) 훈련연장급여

① 직업안정기관장의 직업능력개발훈련 지시에 따라 교육중인 자, 구직급여를 연장 지급함
② 훈련연장급여 수급기간은 최대 2년, 구직급여일액의 100% 지급함

(2) 개별연장급여

① 취직이 특히 곤란하고 생활이 어려운 수급자, 부양가족이나 재산상황 등 고려, 구직급여를 연장 지급함
② 개별연장급여 수급기간은 최대 60일, 구직급여일액의 70% 지급함

(3) 특별연장급여

① 실업급증 등으로 재취업이 특히 어렵다고 인정되는 경우(대통령령으로 규정한 사유), 구직급여를 연장 지급함
② 특별연장급여의 수급기간은 최대 60일, 구직급여일액의 70% 지급함

4) 취업촉진수당 ★★

적극적 취업활동을 조장하기 위하여 지급하는 급여, 조기재취업수당 · 직업능력개발수당 · 광역구직활동비 · 이주비 등

(1) 조기재취업수당

① 소정급여일수를 2분의 1 이상 남기고 재취업을 하고, 12개월 이상 계속하여 고용된 경우나 사업을 영위한 경우 지급함
② 구직급여일액에 미지급일수의 50% 지급, 55세 이상이거나 장애인일 경우 3분의 2를 지급함

(2) 직업능력개발수당
① 직업안정기관의 장이 지시한 직업능력개발훈련 등을 받는 기간 동안 지급함
② 교통비, 식대 등 직업훈련 등 수강에 필요한 비용을 고려 지급함

(3) 광역구직활동비
① 직업안정기관의 소개에 따라 광범위한 지역에 걸쳐 구직활동을 하는 경우 지급함
② 거주지에서 구직활동을 하는 사업장까지의 거리가 50km 이상의 경우
③ 구직활동에 통상 드는 비용으로 운임, 숙박료로 나누어 산정함

(4) 이주비
① 취업 또는 직업능력개발훈련을 받기 위해 주거를 이전할 필요가 있는 경우 지급함
② 취업을 위한 이주인 경우 1년 이상 근로계약을 체결한 경우
③ 수급자격자 및 동거친족의 이주에 일반적으로 드는 비용

5) 자영업자의 실업급여적용의 특례
(1) 가입대상
홀로 사업을 하는 자영업자, 5명 미만 근로자를 사용하는 고용주 중 희망하는 자영업자는 개업일로부터 1년 이내에 가입하여야 함

(2) 지급수당 등
① 지급수당: 구직급여(연장급여 제외)와 취업촉진수당(조기재취업수당 제외)
② 수급요건: 폐업일 이전 24개월간 피보험 단위기간이 통산 1년 이상일 것
③ 구직급여일액: 수급자격자의 기준일액의 100분의 60을 곱한 금액으로 함

6) 모성보호급여 ★★

(1) 출산전·후 휴가급여

① 사용자는 임신한 여성에게 산전과 산후를 통하여 90일(다태아 120일)의 보호휴가를 주어야 하며, 이 경우 휴가기간의 배정은 산후에 45일(다태아 60일) 이상이 되어야 한다.

단, 피보험단위기간이 휴가가 끝난 날 이전 통산 180일 이상인 경우 가능함

② 급여신청은 휴가를 시작한 이후 1개월부터 끝난 날 이후 12개월 이내에만 가능함

③ 통상임금의 100% 지급, 상한액과 하한액이 있음

(2) 육아휴직급여

① 자녀양육을 위해 30일 이상 1년 이내의 기간 동안 휴직을 실시할 수 있으며, 1회 분할 사용이 가능하다. 단, 피보험단위기간이 육아휴직을 시작한 날 이전 통산 180일 이상인 경우

② 급여신청은 휴직을 시작한 날 이후 1개월부터 끝난 날 이후 12개월 이내에만 가능함

③ 급여액은 통상임금의 50%(3개월까지는 80%), 상한액과 하한액이 있음

(3) 육아기 근로시간 단축급여

① 육아휴직 대신 근로시간단축을 신청하는 경우 1년 이내 기간 동안 허용할 수 있다.

단, 피보험단위기간이 근로시간 단축을 시작한 날 이전 통산 180일 이상인 경우 가능함

② 단축 후 근로시간은 주당 15시간 이상 30시간 이하

③ 급여신청은 단축을 시작한 날로부터 1개월부터 끝난 날 이후 12개월 이내에만 가능함

7) 고용안정 및 직업능력개발사업

(1) 개요

고용노동부장관은 피보험자·피보험자였던 자, 취업할 의사를 가진 자에 대한 실업의 예방, 취업의 촉진, 고용기회의 확대, 직업능력개발·향상의 기회 제공 및 지원, 그 밖에 고용안정과 사업주에 대한 인력 확보를 지원하기 위해 고용안정·직업능력개발사업을 실시함

(2) 주요 사업내용

고용창출지원, 고용조정지원, 지역고용촉진, 고령자 등 고용촉진지원, 고용안정 및 취업촉진, 고용촉진시설지원, 직업능력개발향상조치 지원, 능력개발비용지원, 취업훈련지원사업 등

3. 재원 및 관리운영체계

1) 고용보험료

① 실업급여 사업의 보험료: 사업주(0.65%), 근로자(0.65%)가 각각 50%씩 부담

② 고용안정 · 직업능력개발 사업의 보험료: 사업주가 전액 부담(0.25%~0.85%)

③ 고용안정 · 직업능력개발 사업의 보험료는 기업규모에 따라 차등 적용됨

> ※ **두루누리사업: 소규모사업장 저임금근로자의 사회보험료 지원**
>
> 사회보험(고용보험, 국민연금 등)보험료 부담분의 일부를 지원하여 사회보험 가입확대 및 사회안전망을 강화하는데 목적이 있으며, 10인 미만 사업장에 근로하는 월 보수 140만원 미만의 근로자와 사업주를 지원함

2) 고용보험기금: 고용노동부장관 관장

① 보험사업에 필요한 재원에 충당하기 위하여 고용보험기금의 설치

② 기금의 조성: 보험료와 고용보험법에 따른 적립금, 기금운영 수익금 등

③ 실업급여의 지급, 고용안정 및 직업능력개발사업에 필요한 경비 지급

④ 육아휴직급여 및 출산 전 · 후 휴가 급여 등 지급 등

3) 관리운영체계

① 고용노동부: 고용보험사업의 정책을 결정하고 업무전반을 총괄함

② 근로복지공단: 고용노동부장관의 위탁을 받아 고용보험사업을 실질적으로 수행함

③ 고용지원센터: 실업급여 및 모성보호급여 등 업무를 집행함

01) 우리나라 자영업자의 고용보험에 관한 설명으로 옳지 않은 것은? (15회 기출)

① 본인의 희망에 따라 가입이 가능하다.

② 구직급여를 받기 위해서는 재취업을 위해 적극적으로 노력하여야 한다.

③ 자영업자도 직업능력개발훈련을 받을 수 있다.

④ 구직급여는 90~240일까지 받을 수 있다.

⑤ 보험료를 체납한 사람에게는 실업급여를 지급하지 아니할 수 있다.

☞ 해설: 자영업자인 피보험자로서 폐업한 수급자격자에 대한 구직급여(소정급여일수)는 대기기간이 끝난 다음 날부터 계산하기 시작하여 피보험기간에 따라 "별표2"에서 정한 일수가 되는 날까지로 한다.

정답 ④

02) 우리나라 고용보험제도에 관한 설명으로 옳지 않은 것은? (12회 기출)

① 고용안정 및 직업능력개발사업의 보험료는 근로자와 사업주가 절반씩 부담한다.

② 구직급여의 소정급여일수는 보험가입기간과 연령에 따라 90에서 240일까지이다.

③ 실업의 인정이란 근로의 의사와 능력을 가지고 적극적으로 구직노력을 했음을 인정받는 것이다.

④ 구직급여를 받기 위해서는 이직일 이전 18개월 동안 180일 이상 근무하여야 한다.

⑤ 육아휴직급여의 육아휴직대상자는 남녀근로자 모두 해당된다.

☞ 해설: 고용안정 및 직업능력개발사업의 보험료는 사업주가 전액 부담한다.

정답 ①

제22장
|
빈곤과 공공부조제도

1. 빈곤의 개념

1) 절대적 빈곤 ★★

(1) 절대적 빈곤의 개념

① 객관적으로 결정한 절대적 최저한도보다 미달되는 상태를 말함

② 최저생활을 유지할 수 없는 수준, 즉 최소한의 신체적 효율성을 유하는데 필요한 의식주를 가지지 못한 수준임

③ 최소한의 하루 칼로리 섭취량, 식품비가 가계지출에서 차지하는 비율(엥겔계수), 최소한의 생필품을 구입하는데 필요한 소득 등

④ 절대빈곤의 개념은 과학적인 사회조사를 최초로 한 부스(Booth)로 부터 시작, 빈곤선개념이 등장함

⑤ 라운트리(Rowntree)는 부스의 빈곤선 개념을 발전시켜 1, 2차 빈곤으로 구분함

- 1차 빈곤: 4가지 기초생필품(음식, 연료, 거처, 피복 등)을 구입할 능력도 안 되는 수준

- 2차 빈곤: 4가지 기초생필품을 구입할 능력은 있지만 소득의 일부를 다른 용도

로 사용하는 경우

(2) 측정방법: 라운트리방식, 오르샨스키 방식

① 라운트리방식(전물량 방식, 마켓 바스켓 방식): (필수품의 가격×최저소비량)의
총합
- 인간생활에 필수적인 모든 품목에 대하여 최저한의 수준을 정하고, 이를 화폐가
치로 환산(가격×최저량)한 총합으로 최저생계비를 구하는 방식
- 보충급여체계에서의 의료비, 교육비 등 급여종류별 기준액 산정과 장애인, 노인
등의 가구유형별 부가급여 기준결정에 유용한 반면, 필수품 선정에 있어 연구자
의 자의성이 개입될 수 있음
② 오르샨스키방식(반물량방식, 엥겔방식): 최저식료품비×엥겔계수의 역수
- 최저식료품비를 구하고, 여기에 엥겔계수의 역수를 곱한 금액을 최저생계비
로 봄
- 전물량 방식보다 계측이 간편하고 연구자의 자의성을 줄일 수 있으나 엥겔계수
를 도출하기 위한 최저생활수준을 설정하는데 자의성을 배제하기 힘들고, 전 물
량방식에 비해 가구유형별 최저생계비 계측이 곤란함
- 사회보장청(미국)의 빈곤측정 방법임

※ 엥겔계수(Engel's Coefficient)
- 일정기간 가계소비지출 총액에서 식료품비가 차지하는 비율로서 가계의 생활
수준을 가늠하는 척도
- 저소득 가계일수록 식료품비가 차지하는 비율이 높고, 고소득가계일수록 그
비율이 낮음

---

2) 상대적 빈곤 ★★★

(1) 상대적 빈곤의 개념

① 평균(또는 중위)소득의 '일정비율' 이하에서는 그 사회의 대다수가 일반적으로 누
리고 있는 생활수준을 향유하지 못한다고 봄

② 특정사회의 전반적인 생활수준과 밀접히 관련된 개념이어서 경제사회발전에 따라 정책적으로 중시되며 상대적 박탈과 불평등의 개념을 중시한다. 즉, 상대적 빈곤은 소득불평등의 영향을 직접적으로 받음

(2) 측정방법: 타운젠트방식

① 소득수준과 비교하여 일정수준 이하를 빈곤선으로 사용함

② 일반적으로 평균소득 50%이하를 절대적 빈곤층, 80% 이하를 상대적 빈곤층으로 정의

3) 주관적 빈곤

(1) 주관적 빈곤의 개념

① 자신이 충분히 갖고 있지 못하다고 느끼는 것을 말함

② 개인의 주관적 판단수준에서 결정함

(2) 측정의 방법: 라이덴방식

① 개인이 실제소득이 증가하면 주관적으로 판단하는 최소소득도 높아진다는 것에 기초함

② 자신이 생각하는 최소소득과 실제소득을 묻고, 둘의 관계를 비교 분석하여 빈곤선을 결정함

※ 빈곤의 정도

- 빈곤율(Poverty rate) : 빈곤한 사람들의 수가 전체인구에서 차지하는 비율(빈곤선 이하의 사람수 / 전체 인구수)
- 빈곤갭(Poverty gap) : 빈곤선 이하 사람들의 소득을 모두 빈곤선까지 끌어올리기 위해 어느 정도의 소득이 필요한가를 보여주는 지표

---

2. 소득불평등

1) 소득불평의 개념 ★★
① 소득불평등이란 사회의 구성원간에 개인 또는 세대간, 고소득에서 저소득까지 소득분포가 산재해 있어 균형화되지 못한 상태를 말함
② 소득불평등의 정도 측정은 한 사회의 소득이 얼마나 평등하게 또는 불평등하게 분배되어 있는지를 측정하는 것임

2) 소득불평등의 측정 ★★★★
(1) 지니계수
① 빈부격차와 계층간 소득분포의 불균형 정도를 나타내는 수치, 소득이 어느 정도 균등하게 분배되어 있는지를 평가하는데 주로 이용됨
② 근로소득, 사업소득의 정도는 물론 부동산, 금융자산 등 자산분배 정도의 파악도 가능함
③ 지니계수는 0~1 사이의 값을 가지는 데, 값이 0에 가까울수록 소득분배가 평등하고, 1에 가까울수록의 소득분배가 불평등하다는 것을 의미함
   0~1 사이의 값을 가지는 데, 값이 0에 가까울수록 소득분배의 불평등 정도는 낮다는 것을 뜻하며, 보통 0.4가 넘으면 소득분배의 불평등 정도가 심한 것으로 봄

(2) 로렌츠곡선(Lorenz Curve)
① 소득분포의 불평등도를 측정하는 방법, 가로축에는 소득이 낮은 인구로부터 가장 높은 수준으로 비율을 누적하여 표시, 세로축에는 각 인구의 소득수준을 누적한 비율을 표시한 후 그 대응점을 나타낸 곡선
② 균등분포선은 완전평등선이라고 할 수 있는데, 이는 소득 전액이 전 국민에게 똑같이 분배된 상태임
③ 균등분포선과 로렌츠곡선이 만나 만들어지는 부분이 '불균등면적'인데, 이것이 커질수록 분배의 불평등이 심하다는 것을 의미함

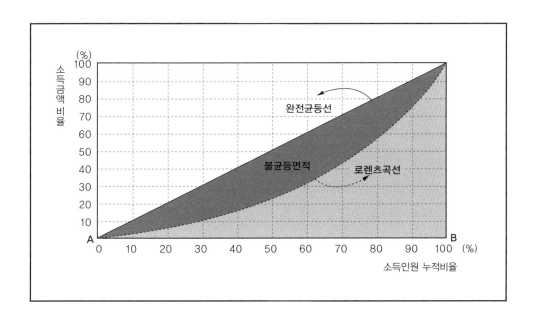

(%)
소득금액 비율
100
90
80
70
60
50
40
30
20
10

완전균등선

불균등면적 로렌츠곡선

A   B
0 10 20 30 40 50 60 70 80 90 100 (%)
소득인원 누적비율

(3) 10분위 분배율

① 모든 사람을 소득의 크기순으로 배열, 이를 10등급으로 분류, 소득이 낮은 1~4등 급까지의 소득합계를 소득이 가장 높은 9~10등급의 소득합계로 나눈 비율

② 상위소득 20%의 소득합계에 대한 하위소득 40%의 비율(하위 40%의 소득합계 / 상위20%의 소득합계)

③ 빈부격차가 클수록 10분위 소득배율의 값은 작아진다. 즉, <u>수치가 클수록 평등한 상태를 말하고, 작을수록 불평등한 상태를 의미함</u>

(4) 5분위 분배율

① 소득이 작은 가구에서 소득이 높은 가구를 일렬로 배열하여 5개의 구간으로 나눈 후, 상위 20%(최상위 구간)의 소득을 하위20%(최하위 구간)의 소득으로 나눈 비율

② 하위소득 20%의 소득합계액에 대한 상위소득 20%의 비율(상위 20%의 소득합계 / 하위 20%의 소득합계)

③ 빈부격차가 클수록 5분위 소득배율의 값은 커진다. 즉, <u>수치가 클수록 불평등한 상 태를 말하고, 작을수록 평등한 상태를 의미함</u>

3. 사회적 배제

1) 사회적 배제의 개념
① 사회구조적으로 다양한 영역에서의 박탈과 결핍, 불이익을 당해 사회·경제·정치활동에 제대로 참여할 수 없게 됨으로써 인간으로서 최소한의 기본권마저 침해당하는 상황을 말함
② 기존의 빈곤에 대한 확대개념이며, 전반적 사회문제를 나타내는 새로운 개념으로 사회적 배제에 대한 논의는 유럽을 중심으로 확산되었음

2) 사회적 배제의 영역
고용, 취업, 교육, 건강, 사회적 관계, 물질적 차원 등에서 사회적 배제가 폭넓게 존재함

4. 공공부조

1) 공공부조의 의의 ★★
① 사회보장기본법의 정의(제3조 제3호)
  국가 및 지방자치단체의 책임하에 생활유지능력이 없거나 생활이 어려운 국민의 최저생활을 보장하고 자립을 지원하는 제도를 의미함
② 빈곤이 자본주의의 구조적 모순에 의해 발생한다는 것을 전제로 국가의 책임하에 법령에 의해 조세로서 생활이 곤궁한 자에게 최저생활을 보장해 주는 2차적 사회안전망임
③ 공적 부조, 국가부조(영국), 사회부조(독일, 프랑스)라고도 함

> ※ 사회안전망 : 1차(사회보험), 2차(공공부조), 3차(긴급복지지원제도 등)

2) 공공부조의 기본원리 ★★★

(1) 생존권 보장의 원리

① 모든 국민은 인간다운 생활을 할 권리를 가진다(헌법 제34조)

② 생존권 보장의 이념을 실현함으로써 국민에게 보호를 받을 권리를 부여함

(2) 국가책임의 원리

① 공공부조의 재원은 국민의 세금에 의해 충당됨으로써 궁극적인 책임을 국가가 짐

② 생활능력이 없는 국민은 법률이 정하는 바에 의해 국가의 보호를 받는다(헌법 제 34조)

(3) 최저생활보호의 원리

모든 국민에게 최저한의 생활이 보장되도록 함

(4) 무차별성의 원리

요 보호상태에 빠지게 된 원인이나 인종, 성별, 사회적 신분여하를 불문하고 차별을 받지 않고 평등하게 보호를 받음

(5) 보충성의 원리

① 자신의 자산이나 근로능력 등을 활용할 의무와 더불어 친족부양우선 원칙 등이 적용됨

② 민법상 부양이나 다른 법률에 의한 보호는 공공부조에 의한 생활보호에 우선 적용됨

3) 공공부조운영의 기본원칙 ★★

(1) 신청보호의 원칙

생활의 보호는 요 보호자, 부양자 및 그 밖에 동거하는 친족의 신청에 의해 개시함

(2) 기준 및 정도의 원칙

보호의 기준에 의해 측정된 요 보호자의 수요에서 본인의 수입이나 자산으로 충당할

수 있는 부분을 뺀 부족분만 보충하여 지급함

(3) 필요즉응의 원칙
요 보호자의 성별, 연령, 건강상태 등 그 개인 또는 세대의 실제 필요의 상태를 고려하여 적절하게 행해져야 함

(4) 세대단위의 원칙
보호는 세대를 단위로 하여 그 보호와 필요 여부 및 정도를 정해야 함

(5) 현금부조의 원칙
의료급여 등 현물급여 이외 급여는 현금으로 지급하는 것을 우선함

(6) 거택보호의 원칙
보호의 제공은 피보호자가 거주하는 자택에서 행하는 것을 우선함

4) 공공부조의 일반적 특징 ★★★
(1) 국가의 책임
공공부조는 프로그램의 주체나 재원(일반조세)을 국가나 지방자치단체가 담당함

(2) 대상의 선별적 선정
공공부조는 법적으로 모든 국민이 보호의 대상이지만 실제로는 빈곤선 이하의 생활이 어려운 사람이 주된 대상임

(3) 자산조사
① 공공부조는 자산조사를 통해 선별하며 규제적인 성격도 내포하고 있음
② 자산조사의 장점
    – 보호대상자의 선정뿐만 아니라 그의 욕구도 규명하는 역할을 함
    – 예산을 절약하며 공공부조의 보완적 성격을 충족시킴

③ 자산조사의 단점
 – 보호대상자에게 낙인감(stigma)을 줄 수 있음
 – 조사비용 및 기간이 많이 소요됨

(4) 신청주의
공공부조의 혜택은 본인의 의사에 반하여 강제적으로 제공될 수 없음

(5) 대상자 구분
공공부조는 구분 처우를 하고 있는데 대상자의 욕구나 근로능력, 조건, 가족상황 등에 따라 처우가 달라질 수 있음

(6) 자활촉구
공공부조는 적극적 측면도 가지고 있어 근로능력이 있는 경우 자활을 위한 프로그램의 운영에 참여하여야 함

(7) 기타 특징
① 공공부조는 빈곤의 악순환을 방지하려는 성격이 있음
② 공공부조는 선별적, 보충적 프로그램에 해당됨
③ 공공부조는 사회를 통제하는 특징을 가지고 있음

01) 빈곤 또는 불평등의 측정에 관한 설명으로 옳지 않은 것은? 　　(17회 기출)

① 로렌츠곡선은 가로축에는 소득이 낮은 인구로부터 가장 높은 순으로 비율을 누적
   하여 표시하고, 세로축에는 각 인구의 소득수준을 누적한 비율을 표시한 후 그 대
   응점을 나타내는 곡선이다.

② 지니계수가 1에 가까울수록 평등한 상태를 의미한다.

③ 10분위 분배율에서는 수치가 클수록 평등한 상태를 의미한다.

④ 5분위 분배율에서는 수치가 작을수록 평등한 상태를 의미한다.

⑤ 빈곤율은 빈곤인구가 전체 인구에서 차지하는 비율을 말한다.

☞ 해설: 지니계수는 0~1 사이의 값을 가지는 데, 값이 0에 가까울수록 소득분배가
평등하고, 1에 가까울수록 소득분배가 불평등하다는 것을 의미한다.

　　　　　　　　　　　　　　　　　　　　　　　　　　　　　　정답 ②

02) 소득빈곤 및 소득불평등의 측정에 관한 설명으로 옳지 않은 것은?　　(15회 기출)

① 지니계수는 그 값이 클수록 더 불평한 수준을 의미한다.

② 상대적 빈곤은 소득불평등과 관계가 있다.

③ 소득빈곤의 측정만으로 삶의 다양한 문제를 모두 포착하기는 어렵다.

④ 소득불평등 수준이 같은 국가라도 계층이동성의 수준이 상이할 수 있다.

⑤ 로렌츠곡선에서 수직선은 모든 개인이 동등한 수준의 소득을 가지고 있다는 것을
   의미 한다.

☞ 해설:

• 로렌츠곡선에서 원점에서 대각선은 모든 개인이 동등한 수준의 소득을 가지고 있
  다는 것을 의미하는 균등분포선(완전평등선)이다.

• 로렌츠곡선에서 수직선은 완전불평등선으로 어떤 개인이 혼자서 국민소득 전부를
  가지고 있고, 나머지 사람들은 소득이 전혀 없다는 것을 의미한다.　　　정답 ⑤

제23장
|
국민기초생활보장제도

1. 국민기초생활보장제도의 개념

1) 국민기초생활보장제도의 의의 ★★

① 근로능력에 관계없이 빈곤선 이하의 모든 저소득층에 최저생계비 이상 수준의 생활을 보장하는 제도

② 근로능력자에 대해서는 빈곤에서 스스로 탈출하도록 체계적 자활지원서비스를 제공하여 생산적 복지를 구현하는 제도

③ 빈곤계층에 대하여 국가가 생계, 주거, 교육, 의료 등 기본적인 생활을 보장하는 일반적 공공부조제도

2) 국민기초생활보장법의 제정배경

① 생활보호법제정(1961)이 40년간 빈곤계층을 보호하기 위한 제도로 실시되어 왔음

② 1997년 말 외환위기 이후 최저생계비 이하의 국민들을 보호하기에는 한계점이 많음

③ 1999년 9월 7일 국민기초생활보장법 제정, 2000년 10월 1일부터 시행됨

④ 2015년 7월 1일(법률개정, 2014.12.30)부터 맞춤형 기초생활보장제도로 변경 시행됨

3) 생활보호법 대비 국민기초생활보장법의 특징
① 최저생계보장이 국민의 기본권으로 인정, 국가가 절대빈곤을 해소하는데 책임을 짐
② 근로능력과 연령에 관계없이 모든 저소득층에게 소득인정액 이상의 생활을 보장함
③ 근로능력자에 대해서는 빈곤에서 스스로 탈출하도록 체계적인 자활지원서비스를 제공함

2. 기준 중위소득 및 소득인정액 산정

1) 기준중위소득 ★★★
① 통계청이 공표하는 통계자료의 가구 경상소득의 중간 값에 최근 가구소득 평균증가율, 가구규모에 따른 소득수준의 차이 등을 반영하여 가구규모별로 산정함
② 그 밖의 가구규모별 소득수준 반영방법 등 기준 중위소득의 산정에 필요한 사항은 중앙생활보장위원회에서 결정함

2) 소득인정액의 산정 ★★★
소득인정액은 개별가구의 소득평가액에 재산의 소득환산액을 합한 금액임

> ※ 소득인정액 = 소득평가액 + 재산의 소득환산액
> - 소득평가액: 실제소득(근로,사업, 재산, 이전소득) − 가구특성별 지출요인금액 등
> - 재산의 소득환산액: (총재산−기본재산액−부채) × 소득환산율

3. 기초생활보장급여의 종류

1) 생계급여 ★★★★

(1) 생계급여의 내용

① 일상생활에 기본적으로 필요한 의복, 음식물 및 연료비 등을 지급하는 급여

② 수급권자는 부양의무자가 없거나 부양의무자가 있어도 부양능력이 없거나 부양을 받을 수 없는 사람으로서 그 소득인정액이 '생계급여 선정기준' 이하인 자

③ 선정기준: 기준중위소득의 100분의 30 이상으로 함

(2) 생계급여의 보장수준

① 최저보장수준은 생계급여와 소득 인정액을 포함하여 생계급여 선정기준 이상이 되도록 하여야 함

② 보장시설에 위탁하여 생계급여를 실시하는 경우에는 보건복지부장관이 정하는 고시에 따라 그 선정기준 등을 달리할 수 있음

(3) 부양능력이 없는 경우

① 기준 중위소득 수준을 고려하여 대통령령으로 정하는 소득·재산 기준 미만인 경우

② 직계존속, 장애인연금법의 중증장애인인 직계비속을 자신의 주거지에서 부양하는 경우

③ 부양의무자가 징집되거나 소집된 경우

④ 부양의무자가 해외 이주자에 해당하는 경우

⑤ 부양의무자가 교도소 등에 수용중인 경우

⑥ 부양의무자가 부양을 기피하거나 거부하는 경우

⑦ 그 밖에 부양을 받을 수 없는 것으로 보건복지부장관이 정하는 경우

(4) 생계급여의 기본원칙

현금급여의 원칙, 직접급여의 원칙, 정기급여의 원칙, 차등급여의 원칙(보충성의 원

칙), 주거급여의 원칙, 자활사업 참가조건부 지급(조건부수급자)의 원칙 등

2) 주거급여 ★★
① 주거안정에 필요한 임차료, 수선유지비 등을 지급하는 급여, <u>국토교통부장관</u> 소관
② 자가 가구는 주택의 노후도에 따라 도배, 난방, 지붕 등 종합적인 수리비를 지원함
③ 선정기준: 기준중위소득의 100분의 43 이상으로 함, 가구원에 따라 차등지급함
④ 주거급여에 관하여 필요한 사항은 따로 법률(주거급여법)에서 정함
⑤ 부양의무자기준의 적용이 없음

3) 의료급여
① 수급자에게 건강한 생활을 유지하는 데 필요한 각종 검사 및 치료 등을 제공하는
　급여
② 수급권자는 부양의무자가 없거나 부양의무자가 있어도 부양능력이 없거나 부양받
　을 수 없는 자로서 그 소득인정액이 '의료급여 선정기준' 이하인 자
③ 선정기준: 기준중위소득의 100분의 40 이상으로 함
④ 의료급여에 관하여 필요한 사항은 따로 법률(의료급여법)에서 규정함

4) 교육급여 ★★
① 수급자에게 입학금, 수업료, 학용품비 등을 지급하는 급여, <u>교육부장관</u> 소관
② 수급권자는 부양의무자가 없거나 부양의무자가 있어도 부양능력이 없거나 부양을
　받을 수 없는 사람으로서 그 소득인정액이 '교육급여신정기준' 이하인 자
③ 선정기준: 기준중위소득의 100분의 50 이상으로 함
⑤ 부양의무자기준의 적용이 없음

5) 해산급여
① 생계급여, 주거급여, 의료급여 중 하나 이상의 급여 수급자에게 지급함
② 조산, 분만 전후에 필요한 조치와 보호를 위한 급여를 실시함
③ 보장기관이 지정하는 의료기관에 위탁하여 실시할 수 있음

6) 장제급여

① 생계급여, 주거급여, 의료급여 중 하나 이상의 급여 수급자가 사망한 경우
② 사체의 검안 · 운반 · 화장 또는 매장, 그 밖의 장제 조치 등 급여를 실시함
③ 실제로 장제를 실시하는 사람에게 장제에 필요한 비용을 지급함

7) 자활급여

① 수급자의 자활을 돕기 위하여 실시하는 급여
② 자활에 필요한 금품의 지급 또는 대여, 자활에 필요한 근로능력의 향상 및 기능습득의 지원, 취업알선 등 정보의 제공, 자활을 위한 근로기회의 제공 등
③ 자활에 필요한 시설 및 장비의 대여, 창업교육, 기능훈련 및 기술 · 경영지도 등 창업지원, 자활에 필요한 자산형성 지원, 그 밖에 대통령령으로 정하는 자활을 위한 각종 지원 등

※ 참고사항
• 차상위자에 대한 급여: 보장기관이 차상위자의 가구별 생활여건을 고려하여 예산의 범위내에서 주거급여, 의료급여, 교육급여, 장제급여, 자활급여의 전부 또는 일부를 지급할 수 있음
• 급여별 선정기준(기준 중위소득, 2019): 생계급여(30%), 의료급여(40%), 주거급여(43%), 교육급여(50%)

---

4. 기초생활보장급여 실시

1) 급여의 신청 ★★

① 수급권자와 그 친족, 이해관계인은 관할 시장 · 군수 · 구청장에게 급여를 신청함
② 사회복지전담공무원은 직권으로 수급권자의 급여를 신청할 수 있음

2) 신청에 의한 조사

시장·군수·구청장은 급여신청이 있는 경우 사회복지전담공무원으로 하여금 급여의 결정 및 실시에 필요한 조사를 하게 하거나 지정하는 의료기관에 검진을 받게 할수 있음

3) 확인조사
① 시장·군수·구청장은 수급자 및 수급권자에 대한 급여의 적정성을 확인하기 위하여 매년 연간 조사계획을 수립하고, 매년 1회 이상 정기적으로 조사하여야 함
② 필요하다고 인정하는 경우, 보장기관이 지정하는 의료기관에 검진을 받게 할 수있음

4) 차상위계층에 대한 조사
시장·군수·구청장은 급여의 종류별 수급자 선정기준의 변경 등에 의하여 수급권자의 범위가 변동함에 따라 보건복지부령이 정하는 바에 따라 차상위계층에 대하여 조사할 수 있음

5) 급여의 결정 등
① 시장·군수·구청장은 신청에 의한 조사를 하였을 때에는 지체없이 급여실시 여부와 급여의 내용을 결정해야 함
② 시장·군수·구청장은 그 결정의 요지, 급여의 종류, 방법 및 급여의 개시시기 등을 서면으로 수급권자 또는 신청인에게 통지함
③ 신청인에 대한 통지는 급여신청일로부터 30일 이내에 하여야 함 단, 특별한 경우 60일 이내에 통지할 수 있으며, 이 경우 통지서에 그 사유를 구체적으로 밝혀야 함

6) 급여의 실시
결정된 수급자에 대한 급여는 신청일부터 개시됨

7) 급여의 지급방법
보장기관이 급여를 금전으로 지급할 때에는 수급자의 신청에 따라 수급자 명의의 지

정된 계좌에 입금함

5. 보장기관 및 보장시설

1) 보장기관
① 급여는 수급권자 또는 수급자의 거주지를 관할하는 시 · 도지사와 시장 · 군수 · 구
   청장이 실시한다. 다만, 주거가 일정하지 아니한 경우에는 수급권자 또는 수급자
   가 실제 거주하는 지역을 관할하는 시장 · 군수 · 구청장이 실시함
② 보건복지부장관, 소관 중앙행정기관의 장과 시 · 도지사는 수급자를 각각 국가나
   해당 지방자치단체가 경영하는 보장시설에 입소하게 하거나 다른 보장시설에 위
   탁하여 급여를 실시할 수 있음
③ 보장기관은 수급권자 · 수급자 · 차상위계층에 대한 조사와 수급자 결정 및 급여의
   실시 등 이 법에 따른 보장업무를 수행하게 하기 위하여 사회복지사업법에 따른
   사회복지전담공무원을 배치하여야 하며, 이 경우 제15조에 따른 자활급여 업무를
   수행하는 사회복지전담공무원은 따로 배치하여야 함

2) 생활보장위원회
(1) 중앙생활보장위원회
① 보건복지부에 중앙생활보장위원회를 설치함
② 중앙생활보장위원회는 다음의 사항을 심의 · 의결함
   - 기초생활보장 종합계획의 수립, 소득인정액 산정방식과 기준 중위소득의 결정
   - 급여의 종류별 수급자 선정기준과 최저보장수준의 결정
   - 급여기준의 적정성 등 평가 및 실태조사에 관한 사항
   - 급여의 종류별 누락 · 중복, 차상위계층의 지원사업 등에 대한 조정
   - 자활기금의 적립 · 관리 및 사용에 관한 지침의 수립 등

(2) 지방생활보장위원회

① 특별시 · 광역시 · 도 및 시 · 군 · 구에 지방생활보장위원회를 설치함

② 국민기초생활보장사업의 기획, 조사, 실시 등에 관한 사항을 심의 · 의결함

③ 시 · 도 및 시 · 군 · 구 생활보장위원회의 위원장은 해당 시 · 도지사 또는 시장 · 군수 · 구청장으로 한다. 다만, 위원회가 생활보장위원회의 기능을 대신하는 경우 위원장은 조례로 규정함

〈 생활보호법과 국민기초생활보장법 〉

생활보호법	비교 기준	국민기초생활보장법
• 시혜성 보호	법적 성격	• 국가의무, 국민의 권리
• 시혜성 용어 　– 피보호자, 보호대상자, 보호기관	법률 용어	• 권리성 용어 　– 수급자, 수급권자, 보장기관
• 인구학적 기준(범주적 공공부조) 　– 거택보호자: 18세 미만 아동, 　　　　　　　　65세 이상 　– 자활보호자: 경제활동 가능자	대상자 구분	• 인구학적 기준 폐지(일반적 공공부조) 　– 근로능력이 있는 자(자활사업참여)
• 부양의무자, 소득, 재산의 동시충족	대상자 선정	• 부양의무자, 소득인정액의 동시충족 • 소득인정액이 최저생계비 이하인 자 　– 소득인정액=소득+재산의소득환산액
• 생계보호(거택보호자만) • 의료보호, 교육보호, 해산보호 　장제보호, 자활보호	급여 종류	• 생계급여 확대(모든 대상자에게) 　– 근로능력자: 자활사업참여 조건 • 주거급여, 긴급급여 신설, 　– 의료, 교육, 장제, 해산 등 유지 • 의료급여: 의료급여법 신설
(신설)	자활 지원 계획	• 자활지원계획 신설 　– 근로능력자 가구별 자활지원계획 　　수립을 통한 체계적 자활지원 　– 자활사업프로그램(자산형성지원)

〈 용어의 정리 〉

수급권자	• 이 법에 의한 급여를 받을 수 있는 자격을 가진 자이다.
수급자	• 이 법에 의한 급여를 받는 자이다.
보장기관	• 이 법에 의한 급여를 지급하는 국가 또는 지방자치단체이다.
부양 의무자	• 수급권자를 부양할 책임이 있는 자로서 수급권자의 1촌의 직계혈족 및 그 배우자, 다만 사망한 1촌의 직계혈족의 배우자는 제외한다. (예: 사위·며느리·계부·계모는 제외)
소득 인정액	• 개별가구의 소득평가액과 재산의 소득환산액을 합산한 금액을 말한다.
최저생계비	• 건강하고 문화적인 생활을 유지하기 위하여 필요한 최소한의 비용 • 법 제20조의2 제4항에 따라 보건복지부장관이 계측하는 금액
기준 중위소득	보건복지부장관이 급여의 기준 등에 활용하기 위하여 제20조 제2항에 따른 중앙생활보장위원회의 심의·의결을 거쳐 고시하는 국민가구 소득의 중위값을 말한다.

〈 맞춤형 기초생활보장제도의 주요 내용(2015년 7월 시행) 〉 ★★★

- 맞춤형 급여체계 개편을 위하여 최저보장수준과 기준 중위소득을 정의하였다(제2조 제6호, 제11호).
- 급여의 종류별로 보건복지부장관 또는 소관 중앙행정기관의 장이 급여의 기준을 정하도록하였다(제4조 제2항).
- 급여의 기준 및 지급 등 개별급여의 운영과 관련하여 다른 법률에 규정이 있는 경우를 제외하고는 이 법에서 정하는 바에 따른다(제4조의 2).
- 급여체계 개편에 따라 수급권자의 범위는 급여의 종류별로 별도로 규정하게 되므로 현행수급권자의 범위는 삭제하고 수급권자의 범위에 관한 특례 규정은 별도로 규정하였다(제14조의 2).
- 보건복지부장관 또는 소관 중앙행정기관의 장은 급여의 종류별로 수급권자 선정기준 및 최저보장수준을 결정하여야 한다(제6조).
- 기준중위소득과 소득인정액의 산정방식을 법률에 명시하였다(제6조의 2 및 제6조의 3).

〈 최저생계비(제2조 및 제20조의 2) 〉

- 국민이 건강하고 문화적인 생활을 유지하기 위하여 필요한 최소한의 비용으로 보건복지부장관이 계측하는 금액이다.
- 보건복지부장관은 수급권자, 수급자 및 차상위계층 등의 규모 및 생활실태파악, 최저생계비계측을 위해 3년 마다 실태조사를 실시·공표하여야 한다.

01) 국민기초생활보장제도에 관한 설명으로 옳은 것은?　　　　　　　　(17회 기출)

① 차상위계층이란 소득인정액이 기준 중위소득의 100분의 50 이하이면서 국민기초
　 생활보장제도의 수급자가 아닌 사람이다.

② 생계급여 수급권자의 선정기준은 기준 중위소득의 100분의 40 이상으로 한다.

③ 주거급여는 보건복지부가 주관한다.

④ 교육급여 수급권자의 선정기준은 기준 중위소득의 100분의 30 이상으로 한다.

⑤ 생계급여는 타인의 가정에 위탁하여 실시할 수 없다.

☞ 해설: (오답 풀이)

② 생계급여 수급권자의 선정기준은 기준 중위소득의 100분의 30 이상으로 한다.

③ 주거급여는 국토교통부가 주관한다.

④ 교육급여 수급권자의 선정기준은 기준 중위소득의 100분의 50 이상으로 한다.

⑤ 생계급여는 수급자를 보장시설이나 타인의 가정에 위탁하여 급여를 실시할 수
　 있다.

　　　　　　　　　　　　　　　　　　　　　　　　　　　　　　정답 ①

02) 국민기초생활보장제도의 특징으로 옳은 것은?　　　　　　　　(15회 기출)

① 대상 가구당 행정관리비용이 사회보험보다 저렴하다.

② 재원은 기금에 의한다.

③ 재원을 부담하는 자와 수급자가 동일하다.

④ 대상선정에서 부양의무자 존재 여부는 고려되지 않는다.

⑤ 선정기준으로 기준중위소득을 활용한다.

☞ 해설: (오답 풀이)

① 대상 가구당 행정관리비용이 사회보험보다 많이 소요된다. 즉 운영효율성이 낮다.

② 재원은 국가(정부 및 지방자치단체)의 일반예산에서 부담한다.

③ 재원을 부담하는 자(국가 및 지방자치단체)와 수급자가 동일하지 않다.

④ 대상선정에서 소득인정액과 부양의무자 존재 여부를 고려한다.

정답 ⑤

제24장
|
기타 저소득층 지원제도

1. 긴급복지지원제도

1) 긴급복지지원제도의 의의 ★★

(1) 긴급복지지원제도의 목적

생계곤란 등 위기상황에 처하여 도움이 필요한 사람을 신속하게 지원함으로써 이들이 위기상황에서 벗어나 건강하고 인간다운 생활을 하게 함

(2) 위기상황의 정의

① 주 소득자가 사망, 가출, 행방불명, 구금시설에 수용 등의 사유로 소득을 상실한 경우

② 중한 질병 또는 부상을 당한 경우

③ 가구 구성원으로부터 방임 또는 유기되거나 학대 등을 당한 경우

④ 가정폭력을 당하여 가구구성원과 함께 원만한 가정생활을 하기가 곤란하거나 가구구성원으로부터 성폭력을 당한 경우

⑤ 화재 등으로 인하여 거주한 주택 또는 건물에서 생활하기가 곤란하게 하게 된 경우

⑥ 보건복지부령에 의한 기준에 따라 지방자치단체의 조례로 정한 사유가 발생한 경우

⑦ 그 밖에 보건복지부장관이 정하여 고시하는 사유가 발생한 경우

(3) 긴급복지지원제도의 기본원칙

① 선지원 후처리 원칙: 담당공무원이 현장 확인을 통해 긴급지원의 필요성이 인정되면 우선 지원을 실시하고 나중에 소득, 재산 등을 조사하여 지원의 적절성을 심사함

② 단기간 지원 원칙: 원칙적으로 1개월 지원하며, 예외적으로 총 6개월을 지원할 수 있음

③ 타 법률지원 우선 원칙: 다른 법률에 의하여 긴급지원의 내용과 동일한 내용의 구호, 보호나 지원을 받고 있는 경우 긴급지원을 실시하지 아니함

(4) 소득 및 재산기준(기준충족여부는 사후조사, 적정심사로 판단)

① 소득: 기준중위소득의 가구별 일정비율 이하

② 재산: 기준금액 이하(대도시, 중소도시, 농어촌별)

③ 금융재산: 기준금액 이하(단, 주거지원은 별도 기준)

2) 긴급복지지원제도의 주요 내용 ★★

(1) 금전 또는 현물 등의 직접적인 지원

① 생계지원: 식료품비나 의복지 등 생계유지에 필요한 비용 또는 현물

② 의료지원: 각종 검사 및 치료 등 의료서비스

③ 주거지원: 임시거소 제공 또는 이에 해당하는 비용

④ 사회복지시설 이용지원: 사회복지시설의 입소 또는 이용서비스 제공이나 필요한 비용

⑤ 교육지원: 초중고학생의 수업료, 입학금, 학교운영지원비 및 학용품비 등

(2) 민간기관 · 단체와의 연계 등의 지원

대한적십자사, 사회복지공동모금회 등의 사회복지기관이나 단체와의 연계지원, 상
담, 정보제공, 그 밖의 지원

2. 근로장려세제(EITC: Earned Income Tax Credit)

1) 근로장려세제의 개념 ★★★★

① 공공부조는 소득기준에 의거 수급자를 설정하기 때문에 일을 더해 소득이 증가하
  면 수급권을 상실할 수도 있기 때문에 수급권을 지키기 위해 일을 기피할 가능성
  이 있음
② 근로장려세제는 1975년 미국에서 처음 실시한 이래 여러 선진국에서 운영하고 있
  으며, 근로소득 빈곤층(Working Poor)의 소득이 일정액 이하인 가구에 대해 현금
  을 지급함으로써 근로의욕을 고취시켜 스스로 빈곤에서 탈출하도록 지원하는 조
  세환급제도임
③ 제도의 목적: 근로동기의 유인, 근로빈곤계층의 빈곤감소, 경제적 자립지원, 빈곤
  함정 탈출 등을 유도하기 위함

2) 근로장려세제의 주요 내용 ★★★

(1) 근로장려금

열심히 일은 하지만 소득이 적어 생활이 어려운 근로자, 종교인 또는 사업자(전문직
제외)가구에 대하여 가구원 구성과 총급여액 등(부부합산)에 따라 산정된 근로장려
금을 지급함으로써 근로를 장려하고 실질소득을 지원하는 근로연계형 소득지원 제
도임

(2) 자녀장려금

저소득 가구의 자녀양육 부담을 경감하기 위해 일정한 소득 미만이면서 부양자녀(18
세 미만)가 있는 경우 부양자녀 수에 따라 차등 지급함

3) 신청자격 ★★

(1) 가구원 요건

① 근로장려금: 단독가구, 홑벌이가구, 맞벌이가구의 기준요건을 충족하여야 함

② 자녀장려금: 부양자녀(18세 미만, 중증장애인은 연령제한이 없음)는 연소득 기준 금액 이하여야 함

(2) 총소득요건

① 근로장려금: 단독가구, 홑벌이가구, 맞벌이가구의 기준요건을 충족하여야 함

② 자녀장려금: 맞벌이가구의 기준요건을 충족하여야 함

(3) 재산요건

① 근로장려금: 가구원 모두의 재산합계액 적용기준을 충족하여야 함

② 자녀장려금: 가구원 모두의 재산합계액 적용기준을 충족하여야 함

※ 재산합계액에서 부채는 차감하지 않음

4) 산정방법

① 근로장려금은 거주자와 배우자의 근로소득과 사업소득을 합한 금액인 "총급여액"을 감안하여 지급함

② 계산방법은 각 구간의 특성에 따라 계산함

- 점증구간: 총급여액 등 × 점증율
- 평탄구간: 최대지급액
- 점감구간: 최대지급액 − (총급여액 − 평탄구간 한도액) × 점감율

5) 신청제외자

① 기준연도 중 대한민국 국적을 보유하지 아니한 자, 다만, 대한민국 국적을 가진 자와 혼인한 자, 대한민국 국적의 부양자녀가 있는 자는 제외

② 기준연도 중 다른 거주자의 부양자녀인 자

③ 거주자(배우자 포함)가 전문직 사업을 영위하고 있는 자

3. 자활사업

1) 자활사업의 개념

1999년에 제정(2000.10.1 시행)된 '국민기초생활보장법'에 따라 근로능력이 있는 수급자에게 취업 또는 자활프로그램에 참여할 수 있는 기회를 제공함으로써 실질적으로 자립·자활할 수 있도록 돕는데 목적을 둔 근로조건부 복지프로그램(workfare)을 말함

(1) 자활사업의 목적

① 기초생활수급자의 사회경제적 자립을 지원하는 사업으로서 일자리창출과 소득증대, 지역 및 사회에 공익서비스 제공, 사회공동체의 실현을 기하고자 함

② 조건부 생계급여제도는 근로능력이 있는 수급자가 생계급여를 지급받기 위해서는 근로활동을 하도록 만듦으로써 근로유인을 제고하고, 나아가 빈곤함정(poverty trap)에 빠지지 않도록 유도함

(2) 자활급여

① 자활에 필요한 금품의 지급 또는 대여, 취업알선 등 정보의 제공

② 자활에 필요한 근로능력의 향상 및 기능습득의 지원

③ 자활을 위한 근로기회의 제공, 자활에 필요한 시설 및 장비의 대여

④ 창업교육, 기능훈련 및 기술경영지도 등 창업지원, 자활에 필요한 자산형성 등

251

2) 자활근로사업의 유형 ★★

저소득층에게 자활을 위한 근로의 기회를 제공하여 자활기반을 조성하는 사업으로 참여자의 자활능력과 사업유형에 따라 근로유지형, 사회서비스형, 인턴도우미형, 시장진입형 등

(1) 근로유지형
① 참여자를 근로능력 정도에 따라 유형화하여 참여자 특성에 맞는 사업 추진
② 노인, 장애인 등에 대한 가사도우미, 지역환경정비, 공공시설물관리보수사업 등

(2) 사회서비스형
① 사업의 수익성은 떨어지나 사회적으로 유용한 일자리로 시장진입을 준비하는 사업
② 사업단형, 사회복지시설 도우미형 등

(3) 인턴도우미형
① 일반기업체등에서 자활사업대상자가 인턴사원으로 근무하면서 기술경력을 쌓은 후 취업을 유도하는 사업
② 관련기술: 전기, 용접, 이ㆍ미용, 요리, 정비, 운전, 제과제빵 등

(4) 시장진입형
① 시장진입 가능성이 높고, 자활공동체 창업이 용이한 사업
② 자활사업도우미, 복지도우미활용 등

3) 자산형성지원사업: 희망키움통장, 내일키움통장

열심히 일하는 수급가구, 차상위계층 및 자활근로사업단 참여자의 자립 자활지원을 위해 정부가 자산형성을 지원하는 제도

(1) 신청자격
① 희망키움통장 I : 일하는 생계ㆍ의료수급가구

② 희망키움통장Ⅱ: 일하는 주거 · 교육수급가구 및 차상위층

③ 내일키움통장: 자활근로사업참여자(시장진입형, 사회서비스형, 인턴도우미형)

(2) 지급요건

① 희망Ⅰ: 생계 · 의료수급가구가 3년 이내 탈 수급 시

② 희망Ⅱ: 주거 · 교육수급가구 및 차상위층이 3년간 통장 유지, 교육 · 사례관리의 무 이수 시

③ 내일: 자활근로사업단참여자가 3년 이내에 일반노동시장에 취 · 창업 또는 탈 수급 시

※ **개인발달계좌(IDA: Individual Development Accounts)**

• 빈곤층의 자산형성을 지원하는 제도, 1990년대 중반 미국 보스턴대학교 마이클 쉐라돈 교수에 의해 제안된 제도

• 저소득층의 저축을 설명하는 제도적 저축이론을 기반으로 필요성이 확대되었음

• 우리나라의 개인발달계좌는 시장에서 열심히 일하는 기초수급자 및 자활사업 참여자가 자립할 수 있도록 자산형성을 지원하는 제도로서 희망키움통장 및 내일키움통장 등

01) 우리나라의 근로장려세제에 관한 설명으로 옳은 것은?   (16회 기출)

① 조세환급제도의 일종에 해당된다.

② 급여신청접수는 행정복지센터에서 담당한다.

③ 자격기준으로 근로소득, 부모부양, 재산, 부채이다.

④ 근로기준법 개정을 근거로 2006년부터 시행되었다.

⑤ 신청방식은 신청주의와 직권주의가 혼용되고 있다.

☞ 해설: 근로장려세제(EITC)는 근로소득 빈곤층(Working Poor)의 소득이 일정액 이하인 가구에 대해 현금을 지급함으로써 근로의욕을 고취시켜 스스로 빈곤에서 탈출하도록 지원하는 조세환급제도이다.

• (오답 풀이)

② 급여신청접수는 납세지 관할 세무서에서 담당한다.

③ 자격기준으로 가구원요건, 총소득요건, 재산요건이 있다.

④ 조세특례제한법을 근거로 2009년부터 시행되었다.

⑤ 근로장려세제는 신청주의에 의한다.

정답 ①

02) 우리나라 자활사업에 관한 설명으로 옳은 것은?   (14회 기출)

① 한국자활복지개발원을 시 · 도별로 설치한다.

② 일반수급자는 자활근로사업에 참여할 수 없다.

③ 자활사업 참여자에게는 자활장려금이 지급된다.

④ 광역자활센터의 운영주체는 광역지방자치단체이다.

⑤ 희망키움통장(Ⅰ)은 일하는 기초수급자를 위한 자산형성지원사업이다.

☞ 해설: (오답 풀이)

① 보건복지부장관의 지도 · 감독하에 한국자활복지개발원을 둔다.

② 일반수급자도 자활근로사업에 참여할 수 있다.

③ 자활장려금은 폐지(2016년)되고 근로장려세제와 일원화되었다,

④ 보장기관이 사회복지법인, 사회적협동조합 등 비영리법인과 단체 등의 신청을 받아 시 · 도 단위의 광역자활센터로 지정할 수 있다.

정답 ⑤

참고문헌

- 강영실. 『장애인복지의 이해』. 서울: 신정, 2008.
- 권기창. 『사회복지정책론』. 서울: 은하출판사, 2015.
- 김윤재 외. 『최신사회문제론』. 서울: 유풍, 2005.
- 박경일. 『사회복지정책론』. 서울: 공동체, 2014.
- 박병현. 『사회복지의 역사』. 서울: 공동체, 2010.
- 사회복지고시연구회. 『1급 사회복지사 수험서』. 서울: 양서원, 2007.
- 사회복지교육연구센터. 『사회복지정책론』. 서울: 나눔의 집, 2019.
- 생각의마을. 『에쎈사회복지정책론』. 서울: 공동체, 2019.
- 서보준 외. 『사회복지개론』. 서울: 공동체, 2013.
- 신현석. 『장애인복지론』. 서울: 공동체, 2008.
- 심상오. 『사회복지정책과 제도』. 서울: 법학원, 2018.
- 심상오. 『사회복지학개론』. 서울: 법학원, 2016.
- 심상오. 『사회복지학개론』. 서울: 법학원, 2017.
- 양정도 외. 『사회복지개론』. 서울: 공동체, 2012.
- 원석조. 『사회복지발달사』. 서울: 공동체, 2010.
- 원석조. 『사회복지정책론』. 서울: 공동체, 2014.
- 이채식. 『장애인복지론』. 서울: 창지사, 2011.
- 임우석 외. 『사회복지개론』. 서울: 공동체, 2012.
- 정민숙 외. 『사회복지개론』. 서울: 공동체, 2013.
- 정영숙 외. 『사회복지정책론』. 서울: 공동체, 2011.
- 채구묵. 『사회보장론』. 서울: 정민사, 2012.
- 최윤영 외. 『장애인복지론』. 서울: 공동체, 2010.
- 편집부 편. 『사회복지정책론』. 서울: 퍼시픽북스, 2013.
- 홍봉수 외. 『사회복지정책론』. 서울: 공동체, 2011.
- 국가법령정보센터(http://www.law.go.kr)
- 네이버 지식백과(http://terms.naver.com)
- 보건복지부(http://www.mohw.go.kr)
- 한국사회복지사협회(http://www.welfare.net)
- 한국사회복지협의회(http://kncsw.bokji.net)